JN435982

제3판

엄마에게 전해주고 싶은

# 아픈 아이 홈케어 가이드

일본외래소아과학회 지음

전북대학교 의학전문대학 김재천 옮김

전북대학교 의학전문대학 김정수 감수

군자출판사

엄마에게 전해주고 싶은
아픈 아이 홈케어 가이드 제3판

첫째판 1쇄 인쇄 | 2011년 5월 24일
첫째판 1쇄 발행 | 2011년 6월 3일

지 은 이 The Society of Ambulatory and General Pediatrics
옮 긴 이 김재천
감 수 자 김정수
발 행 인 장주연
편집디자인 양송희
표지디자인 박미나
발 행 처 군자출판사
등 록 제 4-139호(1991. 6. 24)

본 사 (110-717) 서울특별시 종로구 인의동 112-1 동원회관 BD 6층
Tel. (02) 762-9194/5 Fax. (02) 764-0209
대 구 지 점 Tel. (053) 428-2748 Fax. (053) 428-2749
광 주 지 점 Tel. (062) 228-0252 Fax. (062) 228-0251
부 산 지 점 Tel. (051) 893-8989 Fax. (051) 893-8986

お母さんに伝えたい 子どもの病気ホームケアガイド 第3版
日本外来小児科学会 編著
医歯薬出版株式会社（東京）, 1994, 2010.
Title of the original Japanese language edition:
How to Care Your Child with Health Problem
- A Guide for Mothers, 3rd ed.
Ed. by The Society of Ambulatory and General Pediatrics of Japan
© Ishiyaku Publishers, Inc. TOKYO, JAPAN, 1994, 2010.

© 2011년, 엄마에게 전해주고 싶은 아픈 아이 홈케어 가이드 / 군자출판사
본서는 Ishiyaku Publishers, Inc.와의 계약에 의해 군자출판사에서 발행합니다.
본서의 내용 일부 혹은 전부를 무단으로 복제하는 것은 법으로 금지되어 있습니다.
www.koonja.co.kr

* 파본은 교환하여 드립니다.
* 검인은 저자와의 합의로 생략합니다.

ISBN 978-89-6278-446-6

정가 30,000원

# 편집위원

岡藤 輝夫
**오카후지 테루오**
| 오카후지 소아과 의원 / 효고현 히메지시 |

萩野 高敏
**오기노 타카토시**
| 니코니코 어린이 클리닉 / 아이치현 나고야시 |

木下 昇平
**키노시타 쇼우헤이**
| 키노시타 소아과 클리닉 / 후쿠오카현 오고오리시 |

熊谷 直樹
**쿠마가이 나오키**
| 쿠마가이 어린이 클리닉 / 효고현 아마가사키시 |

佐々 木 邦明
**사사키 쿠니아키**
| 사사키 어린이 클리닉 / 아이치현 나고야시 |

島田 康
**시마다 야스시**
| 시마다 소아과 / 쿠마모토현 上天草시 |

藤後 幸博
**토우고 유키히로**
| 토우고 소아과 의원 / 미에현 마쓰사카시 |

德丸 實
**토쿠마루 미노루**
| 토쿠마루 소아과 의원 / 아이치현 마스야마시 |

永井 幸夫
**나가이 유키오**
| 나가이 소아과 의원 / 미야기현 센다이시 |

橋本 剛太郎
**하시모토 고우타로우**
| 하시모토 소아과 클리닉 / 후쿠이현 에치젠시 |

山中 龍宏
**야마나카 타쓰히로**
| 녹원 어린이 클리닉 / 카나가와현 요코하마시 |

# 사진 제공

岡藤 輝夫
**오카후지 테루오** 602 페이지 게재
| 오카후지 소아과 의원/ 효고현 히메지시 |

加藤 英治
**카토우 에이지** 355 페이지 게재
| 후쿠이현 제생회 병원 소아과 |

木下 昇平
**키노시타 쇼우헤이** 354, 361 페이지 게재
| 키노시타 소아과 클리닉/ 후쿠오카현 오고오리시 |

寺島 和光
**데라시마 가즈미쓰** 344, 345 페이지 게재
| 카나가와현립 어린이 의료센터 비뇨기과 |

# 역자 소개

## 김 재 천

1970년　전남대학교 의과대학 졸업

1979년~　전북대학교 의학전문대학원 교수(소아외과)

**전** 대한소아외과학회 회장

번역서: 『의학으로 보는 아기 키우기』, 『서혜부 탈장 수술』

# 감수자 소개

## 김 정 수

1975년　연세대학교 의과대학 졸업

1980년~　전북대학교 의학전문대학원 교수(소아청소년과)

**전** 한국 소아감염병학회 회장

대한 감염학회 회장

**현** 예방 접종 피해보상 전문위원회 위원장(보건복지부)

# 머리말과 목차

# 개정 제 3 판의 서문

### 덕분에 16년

초판을 발간한 1994년부터 16년, 덕분에 지금까지 11만부를 이용해 주셨습니다. 도중에 2003년에 들어서 개정 제2판을 냈으며, 그 때로부터 7년 후인 2010년에 개정 제3판으로 모든 내용을 바꾸어 발간하게 되었습니다.

### 원조「홈 케어」

이 책이 처음 등장했을 때는「홈 케어」라는 단어를 별로 사용하지 않았든 때였습니다. 병을 앓고 있는 아이들에게 집에서는 무엇을 해 주면 좋을까? 음식물은? 목욕은? 유치원은? 이런 의문에 답해주는 책, 이라는 개념은 순식간에 전국 방방곡곡으로부터 지지를 받아「홈 케어」라는 단어가 정착하게 되었습니다.

지금은「홈 케어」라는 단어가 여러 곳에서 눈에 띕니다. 홈 케어의 중요함이 넓게 인식되어 온 것을 우리 편집위원들은 진심으로 기뻐하고 있습니다.

### 새로워졌다

이번 개정으로 그림은 모두 색깔이 있는 그림으로 바꾸고, 문자의 색에 대해서도 신경을 썼으며, 각 장마다 사용하는 색깔을 바꾸어 재미있는 책으로 변신을 시켰습니다. 삽화도 전면적으로 바꿔 그려서 분위기를 쇄신하였습니다.

### 내용이 많아졌다

의학지식은 일취월장의 기세로 발전하고 있습니다. 소아과 진료에 있어서도 조금씩 바뀌어진 부분이 있기 때문에 이 책의 내용도 새롭게 바꿨습니다. 새롭게 바뀐 페이지도 있고 역할이 끝나서 없어진 페이지도 있습니다. 인가를 받은지 얼마되지 않은 새로운 예방접종에 관해서도 해설을 해 놓았습니다.

앞으로도 홈 케어 가이드는 진화를 계속할 것입니다.

2010년 1월

일본외래소아과학회 홈 케어 가이드 편집위원장 **하시모토 고우타로**

# 개정에 즈음하여

1994년에 발간된 『엄마에게 전해주고 싶은 아픈 아이 홈케어 가이드』는 아이가 병에 걸렸을 때, '집에서는 어떤 것을 해주는 것이 좋을까' 라는 중요한 점에 대해 알기 쉽게 설명한 책으로 많은 엄마들이 구독해 주셨습니다. 지금까지 없었든 일상에서 도움이 되는 책이라고 기뻐해 주셨고, 이런 종류의 책들 중에서는 베스트셀러가 되었습니다. 당시에는 처음으로 시도해 보았기 때문에 가장 이해하기 쉬운 영유아의 질병으로 목표를 압축하여 만들었습니다.

그러나 근래 10년 가까운 기간 동안에 독자인 엄마들의 아이들도 이미 성장해 버렸고, 진찰을 받고나서 전혀 들어보지 못한 병명을 듣게 되거나 인플루엔자의 진단법과 치료제의 획기적인 진보를 이루게 되는 등, 여러 가지 상황 변화에 의해 홈 케어에 있어서 중요한 점도 크게 변했습니다. 그래서 홈 케어 가이드의 내용을 수정하거나 새롭게 바꿔야 할 곳들이 많아졌습니다.

그래서, 초판을 낼 때 참가했든 홈케어 가이드 작성 검토회의 멤버들에 새로운 멤버를 참가시켜 더 많은 경험과 함께 여러 가지 궁리를 거듭하여 초판에 비해 나으면 나았지, 못하지 않은 개정 제 2판을 출판하게 되었습니다. 소위 「영유아」에서부터 「초등학교 아동」까지의 범위로 이 책도 성장한 것입니다.

초판과 마찬가지로 이 책을 애용해 주실 것을, 그리고 아이들이 보다 더 건강하게 성장할 것을 모든 우리 학회 회원들은 끊임없이 원하고 있습니다.

일본외래소아과학회 이사장 **도쿠마루 미노루**

# 번역에 즈음하여

나이 들어 손녀를 보게 되면서 멀리 떨어져 사는 엄마가 된 딸로부터 아기가 아파할 때에 어떻게 해야 좋을 것인지를 묻는 전화를 심심찮게 받고 있습니다. 그 때마다 내가 알고 있는 모든 지식을 동원해서 얘기를 해주기는 하지만 항상 뭔가 부족하다는 느낌이 들었습니다. 그럴 때마다 육아 서적들을 훑어보았으나 시원스럽게 알려주는 책은 눈에 띄질 않고 의학서적과 유사한 내용들이 가득하고 실제로 필요한 내용은 별로 없는 책들만 수 없이 많이 나와 있는 것을 알게 되었습니다. 그래서 2006년도에 일본대학 명예교수가 지은 "아기 키우기"라는 책을 번역하여 출간한 적이 있습니다. 그러나 이 책은 아기들에게서 나타나는 여러 가지 이상한 현상들과 아이들을 키우는데 필요한 사항들을 이해하기 쉽게 설명해 주는 것으로, 앓고 있는 아이들의 간호에 대한 내용은 별로 없었습니다. 그런데 올 초에 이 책을 우연한 기회에 접하게 되었으며, 그 내용들이 지금까지 보지 못했든 것으로 아기를 키우는 데에 큰 도움이 될 수 있을 뿐만 아니라, 최일선에서 진료에 임하고 있는 소아청소년과 의사들의 진료에도 도움이 클 것이라는 생각이 들어 번역하여 출간할 생각을 하게 됐습니다.

아쉬운 것은 우리나라에 이러한 내용의 책이 아직 만들어져 있지 않다는 점입니다. 앞으로 이 책보다 더 알찬 내용의 가이드 북이 우리나라에서도 출간되길 기대합니다.

이 책의 내용 중, 예방접종에 관한 사항은 많은 부분이 우리나라의 제도와 일본의 제도가 서로 달라서 새롭게 편집을 했습니다.

어린이는 한 가정의 행복이며 희망일 뿐만 아니라 한 나라의 미래를 의미합니다. 육체적으로, 그리고 정신적으로 건강하게 커 나아가야만 할 우리 어린이들의 건강한 성장에 조금이라도 도움이 된다면 더 바랄게 없겠습니다.

끝으로 예방접종에 관한 편집에 많은 도움을 준 전북대학교 의학전문대학원 소아과학교실의 김 정수 교수와 교실원 여러분, 그리고 이 책의 출간을 결정해 주신 군자출판사 장주연 사장님께 깊은 감사를 드립니다.

2011년 5월

전북대학교 의학전문대학원 외과학교실 소아외과 **김 재 천**

# 이 책의 목적, 성격 및 내용

### 가정에서의 케어를 설명하기 위한 팸플릿 모음집입니다.

아이의 진찰을 끝내고나서 '집에서는 이런 것에 주의를 해 주세요' 라고 설명을 할 때, 알기 쉬운 팸플릿을 작성해 두면은 좋을 거라고 생각한 적이 있었습니까? 또한 애써서 자세하게 설명을 해도 엄마들은 긴장되어 있기 때문에 정도에 차이는 있지만 병원을 나와 15분도 채 지나지 않아 들었던 것의 절반 정도는 잊어버린다고 합니다. 이럴 때를 대비해서도 가정에서의 케어를 알려주는 팸플릿이 있으면 도움이 될 것입니다.

이 홈 케어 가이드는 어린이를 진찰한 의사가 필요한 페이지를 복사하여 한 장, 한 장, 엄마에게 주어 읽어 보게 하려는 목적으로 만들었습니다.

### 육아 서적과는 이런 점이 다릅니다.

종래의 육아 서적들과 가정에서 보는 의학 서적은 가정에서 사전에 미리 읽고 공부를 해 두거나 「자-, 어떻게 해야 좋지?」라고 주저할 때에 사전 대신으로 알아본다는 목적으로 만들어져 있습니다.

그러나 이 책은 의사가 진단을 하고 처방을 한 후에 가정에서 어린이에게 어떤 것을 해 주는 것이 좋은지를 알려주는 것입니다. 엄마가 이 병인지 저 병인지 갈피를 잡지 못할 때에 보는 책이 아닙니다. 진단은 의사가 할 일입니다. 따라서 증상의 기술 같은 진단에 필요한 것은 과감하게 최소화 했습니다.

**엄마에게 전해 주고 싶은 중요한 점을 알기 쉽게 썼습니다.**

가정에서 '이것만은 해 주기를 바랍니다.' '이것만은 알고 있으면 좋겠습니다.' 라는 중요한 점들을 그림도 이용해서 알기 쉽게 썼습니다. 전문가가 흠이 되는 곳을 들추어내어 드물게는 '이런 것도 있는데 기술되어 있지 않았다' 라고 생각하는 곳도 있지만 대다수의 아이들에게는 관계가 없는 것들과 엄마들을 혼란스럽게 할 것 같은 세세한 것들은 일부러 제외했습니다.

어린이의 질병은 그 상황이 아이들 마다 다르니까 이 책에 써져 있는 내용만으로는 충분하지 않은 부분이 있을 수 있으나, 그런 부분은 의사가 직접 설명해 주기를 바랍니다. 이 책의 복사한 부분만을 아무 말 없이 엄마에게 건네주기만 한다면 친절한 의사가 될 수 없습니다.

**아이들을 진료하고 있는 소아청소년과 의사들이 상의를 하여 만들었습니다.**

이 개정 3판은 초판 때처럼 일본 외래소아과학회의 「홈 케어 가이드 작성 검토회」가 정리한 것입니다. 많은 자료를 모으고, 방대한 량의 원고를 쓰고, 몇 번이고 서로 상의를 하여 삭제하거나 보태고, 또는 뽑아내서 1년이나 걸려 간신히 개정 3판이 완성됐습니다.

「정통적인 콩소메 스프를 만드는 것은 쇠고기 7kg, 소 뼈 2개, 닭 2마리, 닭의 뼈 20마리 분, 그리고 달걀 10개에 당근, 양파, 셀러리 등을 넣어 하루 동안 통째로 푸욱 끓입니다. 이 것 저 것 손품을 들여 만들어진 윗부분의 물이 황금색 빛을 내는 콩소메 스프, 그러나 이렇게 해서 만든 것은 단지 15인 분」(이타미 쥬우산 저 『프랑스 요리를 나와 함께』로부터). 이 책도 콩소메 스프 같은 것인지 모르겠습니다. 그런데 맛은 어떨까요? 우선은 훑어 봐 주십시오.

# 이 책의 사용 방법

**복사를 해서 아이의 엄마에게 건네줍니다.**

필요한 페이지를 복사해서 사용하십시오. 아래에 병원이나 의원 이름의 고무도장을 찍을 공간을 비워 놓았습니다.

**가정에서 주의할 사항**

1. 침구랑 내복은 항상 청결하게 준비해 두십시오.
2. 손톱은 짧게, 배변 후에는 반드시 손을 씻어 주세요.
3. 가능하다면 매일 아침에 목욕이나 샤워를 해 주세요.

우편번호 □□□ - □□□

_______________ 소아청소년과 의원

전화 : ○○○ - ○○○ - □□□□

209

**내용을 수정해서 독창적인 것을 만들 수 있습니다.**

『홈 케어 가이드』의 내용이 평소의 지도 내용과는 다소 다른 경우가 있을 것이라고 생각합니다. 사투리를 사용한다든지 그 지역의 음식물과 습관을 삽입하고 싶은 경우도 있겠지요. 그런 때는 이 『홈 케어 가이드』를 고쳐서 독창적인 것을 만들어 보세요.

자기 것이 만들어지면 꼭 편집 위원 중 한 사람에게 보내 주십시오. 전국의 소아청소년과 의사들이 소중하게 보관해 두고 있는 귀중한 아이디어를 수집, 보존, 공개, 교환하고 싶기도 합니다.

## 엄마가 사용할 때

Part 1의 「기본적인 가정에서의 케어」는 미리 읽어 두면 도움이 될 것입니다. 진찰을 받을 때의 마음가짐과 약을 먹이는 방법, 해열제의 사용 방법, 목욕에 관한 사항, 어떤 질병일 경우에도 통용이 되는 지식이 실려 있습니다.

미리 읽어 둔다

진단은 의사가 할 업무

Part 2부터는 이용하는 방법이 좀 다릅니다. 엄마가 읽고 나서 「우리 아이의 병은 이것일까?」라고 추측하는 것은 위험합니다. 이 책은 그런 목적으로 만들어진 것이 아닙니다. 먼저 병원에 가서 의사에게 진찰을 받으세요. 그 다음에 가정에서 어떤 점을 주의해야 하는지를 알고 싶을 때에 이 책을 봐 주세요.

읽는 중에 이해하기 어려운 곳이 있을지도 모릅니다.

중요한 것만 써 놓았기 때문에 설명이 제대로 되지 않았다고 느껴지는 곳도 있을 것입니다. 그럴 때는 의사에게 질문을 해 주세요. 이 책의 내용에 의사의 설명이 더 해지면 부족함이 없는 가이드북이 될 것입니다.

의사의 설명과 이 책의 내용이 약간 다른 곳이 있을 때는 어떻게 하면 좋을까?

이 책의 내용은 일반적으로 공통된 것으로 최대공약수로 구성된 기성품 같은 것입니다. 그래도 어린이의 질병은 각 아이들에 따라 조금씩 다르므로 의사는 아이들에게 조금씩 다른 뉘앙스로 지도를 하는 것입니다. 의사의 지도는 당신의 아이만을 위한 특별 제품인 것입니다. 의사의 말을 중요하게 받아들이시길 바랍니다.

의사의 지시를 중요하게

엄마에게 전해주고 싶은

# 아픈 아이 홈케어 가이드 제 3 판

How to Care Your Child with Health Problem - A Guide to Mothers
Ed. by The Society of Ambulatory and General Pediatrics of Japan
1994 1st ed. 2003 2nd ed. 2010 3rd ed.

# 목차

## PART 5 알레르기성 질환

### 기관지 천식



### 아토피성 피부염



### 눈과 코의 알레르기



## PART 6 아기의 질환



## PART 7 건강 검진



## PART 8 질병의 예방

### 예방접종

## PART 9 사고의 예방



## 모식도

# PART 1

# 가정에서의 기본적인 케어

# 진찰을 받을 때

### 아이를 데리고 오는 사람

아이의 상태를 가장 잘 알고 있는 사람이 데리고 오세요. 다른 사람에게 부탁할 때는 아픈 것에 대한 경과를 적은 메모를 건내주어서 가능한 한 많은 정보를 의사에게 전할 수 있도록 하세요. 정보의 량이 적거나 애매할 때는 진단하기가 힘듭니다.

### 병의원에 가지고 갈 물건

① 모자 보건 수첩, 의료 보험증, 진찰권, 특히 모자 보건 수첩은 중요한 정보원입니다.
② 열이 있는 아이는 메모에 열의 변화를 기록한 것(그라프)을 잊지 말고 챙겨야 합니다.
③ 대변에 이상이 있을 때는 그 대변을 가져가 보여 주세요.
④ 다른 병원에서 받은 약의 이름이 적혀 있는 것(처방전 등)이 있으면 갖고 가 주세요.
⑤ 젖병과 좋아하는 장난감.

### 환자 대기실에서

① 진찰 전에는 먹을 것이나 마실 것을 주지 마세요. 입 안을 제대로 볼 수가 없습니다.
② 오줌을 싸고 싶어하면 간호사에게 알려 주세요. 검사를 해야 할 경우가 있습니다.
③ 토하거나 배가 아프거나 끙끙거리며 괴로워하면 알려 주세요. 순서를 앞당겨서 진찰을 할 필요가 있을지 모르기 때문입니다.

### 진찰실에서 알려주기 바라는 것

① 가장 걱정이 되는 증상은 무엇입니까?
② 그 증상은 언제부터 있었습니까?
③ 그 밖에 걱정되는 증상은 무엇입니까?

지금까지 앓은 적이 있는 큰 병, 약에 대한 알레르기, 같거나 비슷한 증상이 가족 중에 있었는지 등에 관한 것들도 있었다면 알려 주세요.

# 체온을 측정하는 방법

## 체온의 변화를 알려 주세요.

언제, 몇 도쯤이었는지는 중요한 정보입니다. 잊지 말고 메모를 해 두어 의사에게 알려 주세요.

### 어디서 측정하는가?

겨드랑이나 귓구멍 등에서 측정합니다. 항문에서 측정하면 겨드랑이에서 보다 0.5~1.0℃ 정도 높습니다. 항상 같은 장소에서 측정해 주세요.

체온계를 겨드랑이에 끼우고 꼭 껴안는다.

체온을 측정하는 것은 엄마의 중요한 임무입니다.

## 전자 체온계, 귀 체온계와 수은 체온계

수은 체온계는 정확하나 5분 이상 끼워 두어야 합니다. 짧은 시간에 측정할 수 있는 전자 체온계와 귀 체온계는 편리하지만 수은 체온계보다 좀 높게(혹은 낮게) 측정되는 경우가 있습니다.

| 정상체온(겨드랑이) | |
|---|---|
| 영아(嬰兒) | 36.3 ~ 37.4℃ |
| 유아(幼兒) | 36.5 ~ 37.4℃ |
| 학동(學童) | 36.5 ~ 37.3℃ |

## 건강한 아이의 체온

- 체온은 하루 동안 일정한 온도를 유지하지 않습니다. 아침에는 낮고 저녁에는 높습니다.
- 운동을 했다든지 식사를 하고 난 뒤에는 체온이 올라갑니다.
- 아기는 두꺼운 옷이나 난방 등의 영향으로 높게 측정되는 경우가 있습니다. 이상하다고 생각되면 잠시 후에 한 번 더 측정해 보세요.

## 열이 있는가? 평상시의 체온인가?

- 평상시의 체온이 어느 정도인지를 알아 두십시오. 건강한 때는 1일 4회(아침, 낮, 저녁, 밤에 잠들기 전), 식사 전의 안정된 상태에서 체온을 측정합니다.
- 평상시의 체온보다 1℃ 이상 높으면 열이 있다고 생각해도 좋습니다.

# 아플 때의 목욕

### 열이 있을 때

심한 열로 고통스러운 것처럼 보이면 목욕은 피해 주십시오.
열이 일시적으로 내렸을 때에는 땀을 쏴-악 씻어주면 기분이 좋아집니다.

### 기침이랑 콧물이 나오고 있을 때

안색이 좋고 식욕이랑 기력도 있는 경우에는 기침이랑 콧물이 나오고 있어도 목욕을 할 수 있습니다.

### 목욕과 신진대사

기침이랑 콧물이 계속해서 나오기 때문에 며칠 간 목욕을 하지 않는 것은 때가 쌓여서 피부의 호흡에 좋지 않습니다. 신진대사를 자극한다든지 잠을 잘 잘 수 있게 하는 등의 효과가 있으므로 가능한 한 목욕을 해 주도록 하세요.

쏴-악하고 씻어내어 항상 청결하게

# 약을 먹이는 방법

## 영아(嬰兒)

물약은 그대로 스포이트나 스푼으로 주세요.

가루약은 한 입에 먹을 수 있는 량의 끓여서 식힌 물에 녹여서 물약처럼 만들어 주거나, 소량의 끓여서 식힌 물로 경단처럼 둥글게 만들어 입천장에 문질러 바른 후에 물이나 끓여서 식힌 물, 혹은 우유 등을 줍니다.

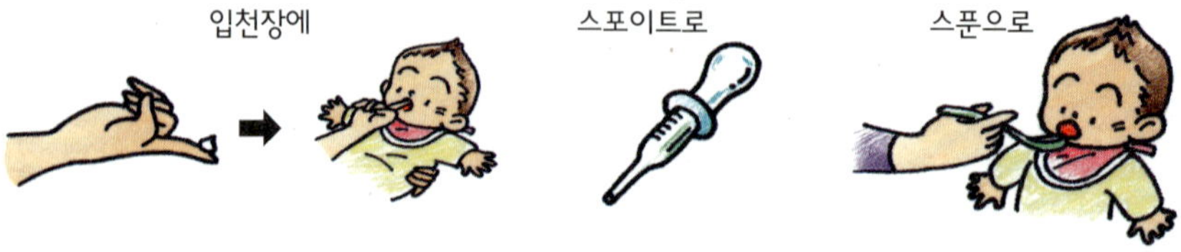


일 회분의 우유에 섞으면 전부 마시지 않는다든지 우유를 싫어하게 되기 때문에 소량의 우유에 녹여서 준 다음에 맛있는 우유를 주세요.

## 유아(幼兒)

물약도 가루약도 가능한 한 다른 것에 녹이지 말고, 그대로 먹는 습관을 들이도록 하세요. 다음에 약 먹일 때에 편합니다. 약 먹는 것을 싫어할 때에는 아이가 납득을 한다면 어떤 것에 섞어서 먹여도 좋습니다.

☆ 우유, 요구르트, 아이스크림 등의 유제품에 섞으면 쓴 맛이 약해집니다.

☆ 스포츠 드링크나 주스에 섞으면, 오히려 쓴 맛이 강해지는 경우가 있습니다.

☆ 가루약을 물에 녹여서 차게 하여 주어도 좋아요.

약이 들어 있는 셔벗

# 약을 먹이는 방법 Q & A

## 언제 먹이는 것이 좋을까요?

1일 2회의 약은 아침과 저녁, 약 12시간 마다.

1일 3회의 약은 식사와 관계없이 「깨어 있는 시간에 같은 간격으로 3회」를 기준으로 먹이세요.

1일 4회의 약은 아침, 낮, 저녁, 그리고 잠자기 전에

## 식후에 먹이는 것이 좋은가요?

식후에는 배가 불러서 먹을 수 없을 뿐더러 먹은 것과 함께 토하는 경우도 있습니다. 어린이는 약 때문에 위의 상태가 나빠지지 않으므로 의사로부터 특별한 지시가 없는 한, 식전, 식후에 관계없이 시간이 되면 먹이세요. 아기에게는 젖을 먹이기 전에 약을 먹이는 편이 좋습니다.

## 좋아지면 먹이지 않아도 좋은가요?

처방된 약은 마지막까지 깔끔하게 먹이는 것이 원칙입니다. 힘들여서 치료되어 가고 있는데 또 재발하는 경우도 있으니까요. 약을 도중에 먹이지 않아도 되는지는 처방을 한 의사에게 물어 봐 주세요.

## 먹다가 남은 약은 보관해 두어도 좋은가요?

원칙적으로 먹다가 남은 약은 버려 주세요. 다음에 병에 걸렸을 때에 남은 약을 먹이는 것은 좋지 않습니다.

그래도, 갑자기 열이 날 때를 대비해서 먹는 해열제(1회 분)라든지 좌약은 항상 비치해 두면 좋습니다.

# 좌약의 사용 방법

## 좌약의 특징

약을 먹지 않으려고 할 때나 구역질을 할 때에 사용합니다. 그러나 싫어하는 아이나 설사를 할 때에는 사용하기가 곤란합니다. 냉장고에 장기간 보관할 수 있습니다.

## 좌약의 종류

해열제 외에도 구역질을 멈추게 하는 좌약, 경련 예방 좌약 등, 여러 가지가 있습니다. 좌약의 종류를 확인하고 사용해 주세요.

* 성인용 좌약을 어린이에게 사용하면 안 됩니다.

## 좌약의 사용 방법

- 좌약은 냉장고에 보관해 두세요.
- 개봉할 때에는 커버 부위를 가위로 자릅니다.
- 아기에게는 기저귀를 교환할 때의 자세에서 삽입합니다.
- 손으로 따뜻하게 해서 항문 주위의 피부를 매끄럽게 한다든지 항문과 좌약의 끝 부분에 올리브유나 베이비오일 등을 발라주면 자연스럽게 삽입됩니다.

* 경련 예방 좌약과 해열제 좌약을 사용할 때에는 경련 예방의 좌약을 먼저 넣어 주고 30분 이상 지난 후에 해열제 좌약을 넣어 줍니다.

## 좌약을 넣자마자 대변이 나올 때

좌약을 넣자마자 곧 대변과 함께 나와 버리는 경우에는 다시 한 번 같은 좌약을 넣어주어도 됩니다.

한참 지난 후에 변이 나온 경우라면 추가로 다시 넣어 주지 않는 편이 좋습니다.

30분 이상 지나면 거의 다 흡수되어 버립니다.

# 점안약, 점비약, 점이약(点耳藥)의 사용 방법

## 점안약의 사용 방법

영유아의 경우에는 머리를 뒤로 젖혀 위를 보게 눕히고 엄마의 허벅다리 사이에 머리를 고정합니다. 눈을 감은 상태에서 눈시울 근처에 점안을 하고 눈을 깜박이게 합니다.

나이가 든 아이의 경우에는 머리를 약간 뒤로 젖히고 앉게 합니다. 아래 눈꺼풀을 아래로 끌어 내리면서 위를 보게 하고 점안합니다.

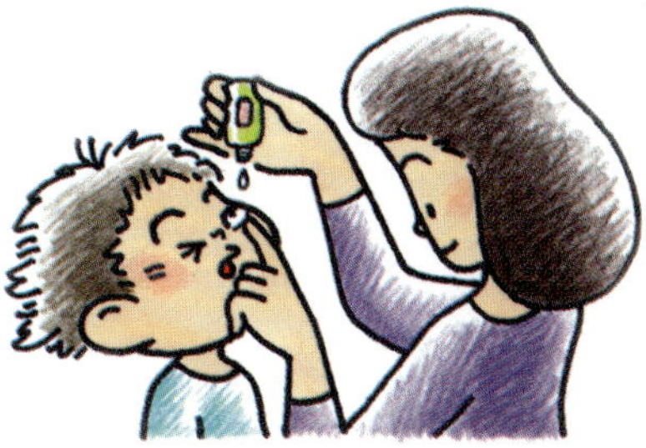

## 점비약의 사용 방법

아이의 머리를 뒤로 젖히고 입으로 숨을 쉬게 하면서 콧구멍에 한 방울 떨어뜨리거나 스프레이를 합니다.

## 점이약의 사용 방법

약을 넣을 쪽 귀가 위쪽을 향하게 머리를 옆으로 구부린 상태에서 귓구멍의 벽을 따라 천천히 약을 넣어 주고 난 뒤, 10분 정도 그 자세를 유지하게 합니다.

# 해열제의 사용 방법

## 열이 있다 !

열이 높으면 뇌가 파괴된다고 생각하기 쉽지만 40℃ 정도의 열이 있어도 뇌는 파괴되지 않으므로 안심하세요.

## 해열제는 임시방편

해열제는 열에 의한 고통을 가볍게 해주기 위한 약으로 질병을 치료하는 약이 아닙니다. 열이 내렸다고 해서 방심하면 안 됩니다.

### 해열제의 사용 방법

- 38.5℃ 이상으로 괴로워하면 투여한다.
- 고열이라도 기력이 있으면 사용하지 않아도 좋습니다. 또 자고 있는 아이를 일부러 깨워서 먹일 필요는 없습니다.
- 한 번 먹인 후, 다음에 먹일 때에는 6시간 이상의 간격을 두고 먹이세요.

해열제는 38.5℃ 이하에서는 사용하지 않고 6시간 이상의 간격을 두고 투여합니다.

## 좌약을 넣어줄까? 아니면 먹는 약을 먹일까?

효과는 같습니다. 토하는 아이에게는 좌약을, 설사를 할 때와 좌약을 싫어하는 아이에게는 먹는 약을 먹이세요. 좌약으로 된 해열제와 먹는 약으로 된 해열제를 동시에 사용하면 안 됩니다.

## 몸을 차게 해도 좋은가요?

찬 물수건으로 머리를 차게 합니다. 그런 엄마의 모습이 아이의 마음을 편안하게 해 줍니다. 냉각제를 이마에 놓아도 기분이 좋아지지요. 그러나 열은 별로 많이 내려가지 않습니다. 아이가 싫어 할 때는 무리하면서까지 차게 해 줄 필요는 없습니다.

* 어린이의 해열제로는 아세트아미노펜(또는 이부프로펜)을 사용합니다.
다른 해열제는 사용하지 않도록 주의해 주세요.

# 항생제(항생물질, 항균제)

### 세균 등에 의한 질환에 효과가 있다.

항생제는 세균 등에 의한 질환을 빨리 치료해 준다든지 심한 질환으로부터 생명을 구해 주는 약입니다.

* 세균에 의한 질환: 용혈성연쇄상구균성 인두염, 세균성 폐렴, 마이코플라스마 폐렴, 백일해, 세균성 장염, 요로 감염증, 급성 중이염, 급성 부비강염(축농증), 세균성 수막염, 농가진 등.

### 바이러스에는 효과가 없다.

일반적인 「감기」는 바이러스가 원인이기 때문에 항생제는 효과가 없습니다.

* 바이러스에 의한 질환: 감기몸살, 인플루엔자, 바이러스성 위장염, 유행성 이하선염, 풍진, 홍역, 돌발성 발진, 수두, 수족구병, 인두결막열(pool 열), 헤르판지나 등

### 항생제를 처방받은 다음에는

마지막까지 정확하게 먹이세요. 증상이 좋아졌다고, 혹은 열이 내렸다고 해도 도중에 중지하면 안 됩니다.

### 항생제를 처방받아 보관해 둔다?

항생제를 처방받아 보관해 두었다가 다음에 아플 때에 빨리 먹이려고 하는 것은 가장 해서는 안 되는 일입니다. 질병의 증세가 중도에 어중간하게 없어져 바른 진단이 어렵게 될 수 있을 뿐만 아니라 질병을 더욱 악화시켜 버리는 경우도 있습니다.

### 예방에는 사용하지 않아야 하고 장기간 사용하지 않아야 한다.

일반적인 「감기」시, 폐렴이나 중이염을 예방하기 위해 항생제를 먹이는 것은 좋지 않습니다. 효과가 없을 뿐만 아니라 몸속에 있는 세균들의 균형이 깨지거나 내성균이 생겨 오히려 몸에 해가 되는 경우만 있습니다.

### 항생제의 부작용

때때로 설사를 하는 경우가 있지만 이것은 원래 장속에 있는 「좋은 균」까지 죽여 버리기 때문입니다.

치료가 끝나면 설사도 멈춥니다.

# 집에서 소변을 받아 모으는 방법

## 채뇨 백을 붙이는 방법

① 음부를 깨끗하게 닦고 건조시킵니다.

② 채뇨 백을 붙일 때에는 넓적다리를 넓게 벌리고 붙입니다.

**남자 아이:** 음부 전체를 집어넣고 밀착되게 붙입니다.

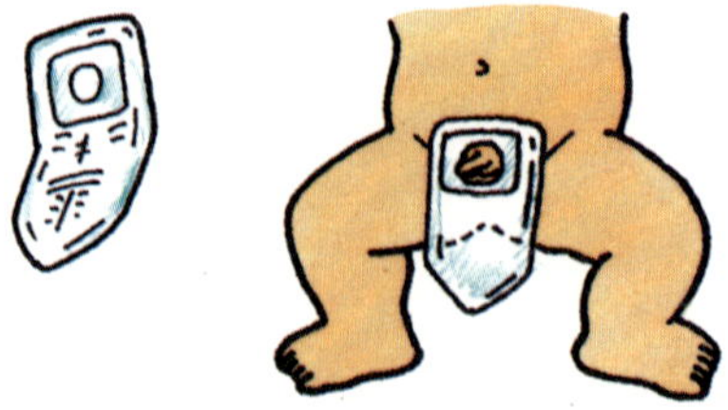

**여자 아이:** 회음부(성기와 항문사이)로부터 치골을 향해서 붙입니다. 단단히 밀착시켜야 합니다.

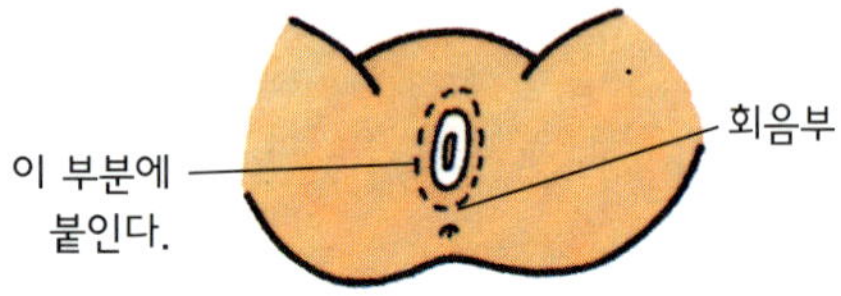


③ 백에 소변이 모아지면 정해진 용기에 옮겨 부어 주세요.

### 오줌이 나올 때까지 주의를 해야 할 사항

- 배를 깔고 기어 다니게 한다든지 백이 꽉 눌리게 껴안는 것은 피해야 합니다.
- 때때로 백의 일부가 떨어지지 않았는지를 확인해 주세요.
- 오줌이 빨리 나오도록 물을 먹여도 좋습니다.

# 관장을 하는 방법

## 면봉 관장

생후 6개월쯤까지는 면봉으로 자극을 해 주면 효과가 있습니다.

① 면봉 끝에 올리브유 등의 윤활유를 바릅니다.

② 항문 속으로 조금만(하얀 면의 부분이 보이지 않을 정도) 꽂아 넣어 항문의 안쪽을 자극합니다.

## 약국에서 판매되고 있는 관장 액

약국에서 판매되고 있는 관장 액은 보통 10mℓ(영유아용), 20mℓ(소아용), 30mℓ(성인용)가 있습니다. 1세 미만은 기저귀를 바꿔 줄 때의 자세로, 1세 이후라면 옆으로 눕혀서 관장을 합니다.

① 뚜껑을 벋기고 항문에 삽입할 관장 액 용기의 끝 부분에 올리브유 등을 바른다.

② 용기의 가는 부분이 보이지 않을 때까지 항문 속으로 충분히 꽂아 넣는다.

③ 관장 액을 천천히 주입하고 다 주입되면 기저귀나 티슈페이퍼로 항문을 잠시 눌러 막고 가능한 한 참도록 한다.

1세 미만은 기저귀를 바꿔 줄 때의 자세로

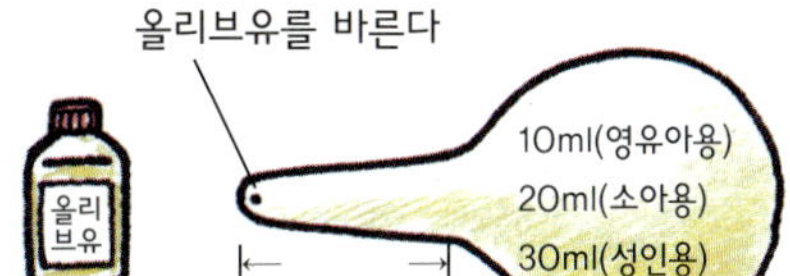


1세 이후라면 옆으로 눕혀서

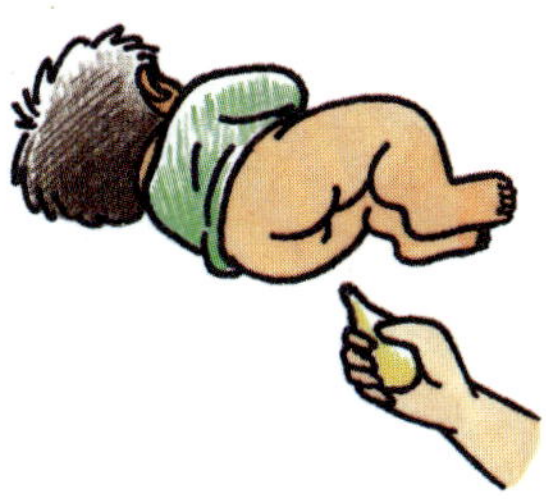

입을 벌리고 「하아」하고 숨을 쉬게 하면 쉽게 들어갑니다.

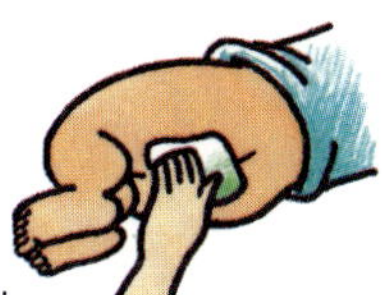

다 주입하면 항문을 잠시 눌러 막아 줍니다.

# PART 2

# 외래에서 볼 수 있는 감염 질환

# EB바이러스 감염증(전염성 단핵구 증)

잘 들어보지 못한 병명이지만 EB바이러스에 의해 초래되는 병입니다. 유소아에 많이 발생하는데 갑자기 고열이 나고 목이 아프며 목에서 둥글둥글한 몽우리들이 만져집니다. 고열은 수 일간, 때로는 1주일 이상 계속되며 전신에 발진이 나타나거나 눈 주위가 부어오르기도 합니다. 또한 편도선에 하얀 막이 붙어 있거나 입천장에 피하출혈 부위가 생기기도 하며 간이나 비장이 커지기도 하고 간 기능이 나빠지기도 합니다.

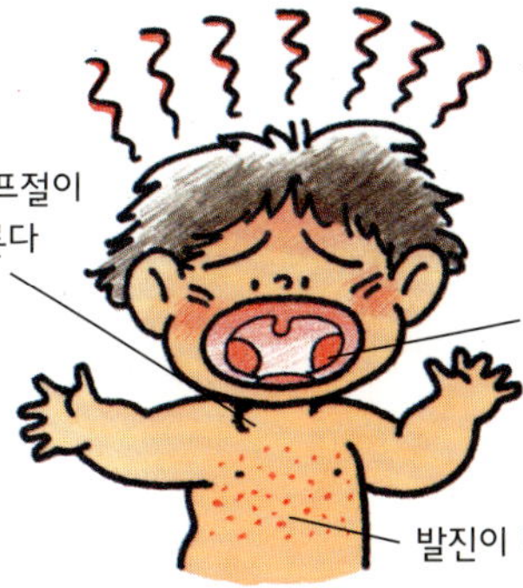


## 혈액검사가 필요한 경우도 있습니다.

진단 목적이나 병의 상태를 알기 위해서 혈액검사를 하는 경우가 있습니다.

## 치료

원인인 EB바이러스에 효과가 있는 약은 없습니다. 고열과 목구멍의 통증을 완화시키는 약을 처방하지만 보통 자연히 치유됩니다. 열이 계속되어 체력이 약해진다든지 간 기능이 나빠진 경우에는 입원 치료가 필요한 경우도 있습니다.

## 가정에서 주의할 사항

❶ 높은 열 : 며칠이고 고열이 계속되므로 불안해 지지만 해열제를 너무 많이 사용하지 않도록 하세요.

❷ 음식물 : 목이 아프고 열도 높기 때문에 식욕이 없는 것은 어쩔 수가 없습니다.
아이가 좋아하는 것으로 소화가 잘 되는 것을 먹이도록 하세요.

❸ 수　분 : 물은 충분히 마실 수 있도록 신경을 써 주세요.

❹ 목　욕 : 열이 높을 때나 기력이 없을 때는 하지 않도록 하세요.

## 이런 때는 한 번 더 진찰을

① 목의 통증이 심해져서 물을 잘 마시지 못할 때

② 고열이 계속될 때

③ 기력이 없어져 추-욱 늘어져 있을 때

## 유아원, 유치원, 학교

열이 내리고 목의 통증이 없어질 때까지 5~7일 정도 쉬게 하세요.

# 인두결막열(Pool 열)

39~40℃의 고열이 4~5일간 지속되고 목의 통증이 심하며 눈도 빨개집니다. 나아가서 두통, 구역질, 복통, 설사를 동반하는 경우도 있습니다. 아데노바이러스가 원인입니다. 여름에 풀장에서 아이들 사이에 유행하기 때문에 「pool 열」이라는 이름도 있으나 풀장에 들어가지 않아도 전염이 됩니다. 여름철이 아니어도 발생될 수 있습니다.

고열, 빨간 눈, 목이 아프다

## 치 료

열이랑 목의 통증을 없애 주는 약을 처방합니다.

## 가정에서 주의할 사항

❶ 높은 열 : 며칠이고 고열이 계속되므로 불안하지만 해열제를 너무 많이 사용하지 않도록 하세요.

❷ 음식물 : 목이 아프고 열도 높기 때문에 식욕이 없는 것은 어쩔 수가 없습니다.
푸딩과 젤리, 아이스크림, 차게 식힌 죽, 두부, 찬 그라탱 등은 어떨까요.

❸ 수 분 : 물은 충분히 마실 수 있도록 해 주세요. 보리차나 이온음료(아쿠아라이트), 우유, 된장국, 차게 식힌 스프 등이 좋습니다.

❹ 목 욕 : 열이 높을 때나 기력이 없을 때를 제외하고는 괜찮습니다.

## 이런 때는 한 번 더 진찰을

① 목의 통증이 심해져서 물을 잘 마시지 못할 때
② 고열이 3일 이상 계속될 때
③ 기력이 없어져 추-욱 늘어져 있을 때

## 유아원, 유치원, 학교

열이 내리고 목의 통증이 없어질 때까지 2일간은 쉬게 하세요.

# 인플루엔자

보통의 감기에 비해 증상이 더 심합니다.

| | |
|---|---|
| 체 온 | 오한과 고열, 3~5일 |
| 괴로움 | 전신이 나른해지고 식욕이 없어집니다. |
| 통 증 | 두통, 손발의 근육통, 허리의 통증 |
| 배 | 복통, 구토, 설사 |
| 기 침 | 목의 통증, 콧물, 기침 |

일단 내렸던 열이 다시 올라가기도 합니다.

## 신속한 진단과 조기 치료

인플루엔자인지 아닌지는 외래에서 신속하게 진단할 수 있습니다. 인플루엔자라는 것을 알고 조기에 치료약을 복용하기 시작한다면 증상은 가볍게 해결할 수가 있습니다. 치료약과 비정상적인 행동 간의 관계가 걱정이 될 때는 의사와 잘 상의해 보세요.

### 가정에서 주의할 사항

❶ 휴 식 : 집에서 누워 있는 것이 가장 중요합니다.
❷ 보 온 : 춥지 않을 정도의 난방, 너무 덥지 않게 조절해 주세요.
❸ 식 사 : 아이가 좋아하고 소화가 잘 되는 것을 주세요. 물은 충분히 마실 수 있도록 해 주세요.
❹ 목 욕 : 피곤해지지 않도록 주의를 하고 욕조 안에서 깨끗하게 씻는 것은 괜찮습니다.

## 다음 진찰

약속한 날이나 약을 다 먹은 날에(대개 2~3일 간격으로) 진찰을 받고 합병증이 발생하지 않았는지를 진찰받습니다. 기력이 없거나 자주 토한다거나 기침 때문에 밤에 잠을 자지 못하는 등, 평상시와 다르다는 생각이 들면 빨리 진찰을 받아 주세요.

경련이 발생하면 서둘러서 병원에 가십시오.

## 유아원, 유치원, 학교

열이 내리고 나서 2일간은 쉬도록 하세요.

# 바이러스성 위장염(구토 설사증)

로타바이러스와 노로바이러스, 아데노바이러스 등에 의한 전염병입니다. 갑자기 토하기 시작하고 물 같은 설사(레몬색~흰색)가 계속됩니다. 열이 나는 경우도 있습니다. 발열과 구토는 1~2일이면 사라지고 설사는 1주일 정도가 지나면 좋아집니다.

## 치 료

약도 처방을 합니다만 집에서의 수분 보충이 중요합니다. 계속해서 토할 때에는 수액 주사와 입원이 필요하게 됩니다.

### 가정에서 주의할 사항

❶ 토하면 먹이지 마세요. : 구역질이 심한 동안에는 아무 것도 먹이지 마세요.

❷ 물부터 먼저 : 구역질이 사라지면 물을 조금씩 마시도록 합니다.(아쿠아라이트 등)

( )시 경부터
( )ml 정도 씩

❸ 음식물 : 「설사할 때의 음식물」의 항목( 206 )을 참고하세요.

### 이런 때는 빨리 진찰을

① 병원에서 돌아와서도 구토가 계속될 때.
② 기력이 없고 안색이 나쁠 때.
③ 입술이 마르고 소변의 량이 적거나 소변을 본 횟수가 적을 때.

### 다음 진찰을 받을 때까지

집에서 먹은 물의 량, 설사와 구토의 횟수 등을 메모해 두세요.

# 세균성 장염

열이 난다든지 복통, 구토, 설사를 보입니다. 혈변을 보는 경우도 많고 때로는 위중한 상태가 됩니다. 캄피로박터와 살모넬라, 병원성대장균, 장염 비브리오, 엘씨니아 등의 세균이 원인이 되어 발생하는 장염입니다. 캄피로박터 장염은 오염된 닭고기, 살모넬라 장염은 오염된 살코기와 달걀, 혹은 녹색거북이 등 애완동물이 감염원이 됩니다.

## 치 료

대변의 세균배양검사를 하여 항생제를 처방합니다.
구토랑 설사 등의 증상이 심할 때는 수액 주사와 입원이 필요합니다.

## 가정에서 주의할 사항

❶ 음식물 : 물과 소화가 잘 되는 음식을 주세요. 자세한 것은 「설사할 때의 음식물」 항목( 206 )을 읽어 보세요.
❷ 목 욕 : 설사가 멈추면 괜찮습니다. 샤워로 엉덩이를 깨끗하게 씻어 주세요.
❸ 손 씻기 : 손 씻기를 잘하고 가족 중에서 발생되는 일이 없도록 주의하세요.

## 이런 때는 빨리 진찰을

① 구토랑 설사가 반복되고 추~욱 늘어질 때
② 복통이 심해지거나 혈변이 계속될 때
③ 고열이 계속될 때

## 다음 진찰을 받을 때까지

물이랑 식사의 섭취량, 설사와 구토의 횟수, 소변의 횟수 등을 메모해 두세요.

## 세균성 장염에 걸리지 않게 하기 위해서

- 살코기나 달걀은 반드시 익혀서 먹이도록 하세요.
- 생고기, 특히 닭고기를 조리할 때에 사용한 식칼이나 도마를 그대로 사용하여 야채를 자른다든지 손질하는 일이 없도록 하세요. 뜨거운 물과 세제를 사용하여 깨끗이 씻어낸 후에 사용하는 것이 좋습니다.

# 설사할 때의 마실 것과 먹을 것

## 물과 염분을 충분히 보충해 주세요

물과 염분의 보충이 중요합니다(페디라 액®, 아쿠아라이트®ORS 등).

물을 많이 마셔서 묽은 변이 나오는 것이 아닙니다. 설사로 잃어버린 체내의 수분과 염분을 보충해 줘야 할 필요가 있습니다. 포카리스웨트® 나 사과 주스, 콜라 등은 염분이 적게 들어있어 권할 수가 없습니다.

### 모유

구역질이 사라져 먹을 수 있게 되면 그대로 계속 먹이세요.

### 우유

우유를 희석해서 줄 필요는 없습니다. 먹을 수 있게 되면 충분히 먹이세요.

### 이유식

구역질이 사라져서 먹을 수 있게 되면 지금까지 해왔던 데로 이유식을 계속하여 설사로 잃어버린 영양을 보충해 줍니다. 우동, 두부, 흰 살 물고기, 닭가슴살 등이 좋습니다.

탄산음료, 주스, 젤라틴으로 만든 디저트 등, 당분이 많이 들어 있는 마실 것과 식품은 설사를 악화시킬 수가 있으므로 피해 주십시오.

### 유아식

구역질이 사라져서 먹을 수 있게 되면 영양분과 칼로리를 보충해 주기 위해 식사를 시작합니다. 탄수화물(밥, 우동, 감자), 두부, 흰 살 물고기, 닭고기 등, 지방분 함량이 낮은 고기, 야채, 과일, 요구르트 등이 포함된 식사를 권합니다.

당분이 많은 탄산음료와 주스 등은 피해 주세요.

## 설사할 때의 마실 것

물만이 아니고 염분도 함께 보충해야 합니다.
염분(Na)의 농도가 대충 40(mEq/L) 이상의 마실 것을 권합니다.

* ( )안은 염분(Na)의 농도(mEq/L)

### ◎ 권할 수 있는 마실 것

페디라 액®
페디아라이트
아쿠아라이트®ORS(35)

### ○ 시판 중인 이온음료

아쿠아라이트®사과 혹은 백포도(30)(소금을 약간만 더 해서 먹이세요)
게토레이(염분 농도가 높으니 정수기 물을 1.5~2배 정도 첨가해 먹이세요)
피죤 이온음료(30)
모리나가 이온음료 복숭아 혹은 사과(25)

### × 권할 수없는 음료수(스포츠 음료)

포카리스웨트®(21), 아쿠에리아스®(15),
그 밖의 스포츠 음료와 콜라(9~23), 녹차, 물
* 염분이 적게 들어 있는 것을 많이 마시면 축 늘어져 버리게 됩니다.

## 설사할 때의 먹을 것

우동, 두부, 흰 살 물고기, 닭고기, 죽, 각종 스프, 바나나, 사과, 삶은 야채

# 유행성 이하선염(볼거리)

귀 밑(이하선)과 턱 아래(악하선)가 부어오르고 통증이 있습니다. 대개 양 쪽이 부어오르지만 한 쪽만 부어오르는 경우도 있습니다. 부기는 1~3일후 최고조에 이르고 일주일 정도가 지나면 사라집니다. 열은 3~4일이 지나면 가라앉습니다.

## 치 료

열과 통증을 없애는 약을 처방합니다. 아플 때는 찬찜질도 좋습니다.

## 가정에서 주의할 사항

❶ 음식물 : 신 음식과 잘 씹어 먹어야 할 음식은 피하세요. 더 아파집니다. 통증이 심할 때는 씹지 않고 마실 수 있는 것을 주세요. 우유나 된장찌개, 포타주 스프, 푸딩, 젤리, 죽, 두부, 그라탱 같은 것이 좋을 것입니다.

❷ 목 욕 : 고열이 있을 때와 통증이 심할 때가 아니면 괜찮습니다.

## 유아원, 유치원, 학교

부기가 없어질 때까지는 다른 아이들에게 전염됩니다. 약 1주일간은 쉬게 하세요.

## 이런 때는 한 번 더 진찰을

① 두통이 심하고 자주 구토를 할 때
② 1주일이 지나도 부기가 사라지지 않을 때
③ 열이 5일 이상 계속될 때
④ 귀 아래쪽의 부은 곳이 빨갛게 될 때
⑤ 고환이 아프다고 할 때
⑥ 소리가 잘 들리지 않는다고 할 때

# 반복성 이하선염

## 유행성 이하선염(볼거리)을 여러 번 걸렸다?

이하선이 부어오르는 질병에는 유행성 이하선염만 있는 것이 아닙니다. 반복성 이하선염은 유행성 이하선염과 매우 유사한 질병입니다만 다음과 같은 점에서 다릅니다.

① 한쪽만 부어오른다.
② 열이 나지 않는다.
③ 통증은 심하지 않고 2~3일이면 사라진다.
④ 전염되지 않는다.
⑤ 몇 번이고 반복해서 발생한다.

그러나 이하선이 부어오르기 시작하면 반복성 이하선염인지 유행성 이하선염인지를 구별하기가 어렵습니다. 며칠 지난 후에 다시 한 번 진찰을 받아 주십시오.

## 치 료

통증이 심할 때는 약을 처방합니다.

## 가정에서 주의할 사항

❶ 음식물 : 통증이 심할 때는 신 음식을 피하는 것이 좋습니다.
대개 통증이 심하지 않기 때문에 무엇이든 먹어도 됩니다.

❷ 목 욕 : 해도 괜찮습니다.

## 유아원, 유치원, 학교

처음에는 유행성 이하선염과 구별하기 어렵기 때문에 유행성 이하선염의 가능성을 생각하고 쉬어야 합니다. 귀 아래쪽이 부어오를 때는 쉬도록 합니다.

혈액검사로 유행성 이하선염에 대한 면역이 있다는 것을 알게 되면 다음에 다시 부어오를 때는 쉬지 않아도 됩니다.

# 요충증

요충은 길이가 1㎝ 정도인 흰색의 기생충으로 밤중에 잠들어 있을 때에 항문 주위에 알을 낳기 때문에 항문 부위가 가렵게 됩니다.

유치원, 초등학교 등의 집단생활과 가족들로부터 감염되는 경우가 많기 때문에 요충 검사에서 양성을 보일 때에는 아이 혼자만이 아니고 가족 모두가 구충제를 복용하는 것이 좋습니다.

야간에 항문이 자주 가렵다면 바로 봐 보십시오.
요충이 발견됩니다.

## 치 료

알벤다졸®이란 구충제를 복용합니다. 1회 복용으로 90% 정도의 효과가 있지만 만약을 대비해서 1주일 후에 두 번째를 복용합니다. 완전히 구충이 되었는지를 알아보기 위해 2~3주일 후에 다시 요충 검사를 합니다.

### 가정에서 주의할 사항

1. 침구랑 내복은 항상 청결하게 준비해 두십시오.
2. 손톱은 짧게, 배변 후에는 반드시 손을 씻어 주세요.
3. 가능하다면 매일 아침에 목욕이나 샤워를 해 주세요.

# 크루프(위막성 후두염)

감기에 걸렸을 때, 목 깊은 곳(소리를 내는 곳) 부근이 부어서 물개가 우는 소리와 같은 기침(개가 짖는 것 같은 기침)을 합니다. 쉰 소리를 낸다든지 소리가 나오지 않기도 합니다. 목의 부기가 더 심해지면 숨을 쉴 때에 고통스러워합니다.

## 치 료

약을 흡입하여 목 부위의 부종을 가라앉게 합니다. 먹는 약도 처방합니다. 숨쉬기가 힘들 때는 입원을 해야 할 필요가 있습니다.

## 가정에서 주의할 사항

❶ 실내의 가습 : 수증기가 나오게 물을 끓이거나 가습기를 사용하거나 세탁물을 말리는 등, 여러가지 방법으로 공기를 습하게 해 주는 것이 중요합니다.

❷ 수분의 보충 : 계속해서 심한 기침을 할 때에는 따뜻하게 준비한 마실 것을 조금씩 수시로 마시도록 하세요.

❸ 음식물 : 숨쉬기가 힘들지 않게 되면 아이가 좋아하는 것을 주세요.

❹ 목 욕 : 숨쉬기가 힘들 때와 고열이 있을 때를 제외하고는 괜찮습니다.

## 이런 때는 한 번 더 진찰을

① 숨쉬기가 힘들어 진 때

② 심한 기침으로 잠을 자지 못할 때

③ 수분을 별로 마시지 못 할 때

④ 열이 높을 때

병원에서 돌아 올 때는 증상이 좋아져도 밤에 다시 심해지는 경우가 있습니다.

숨쉬기를 힘들어 할 때는 집에서 참지 마시고 진찰을 받아 주세요.

## 유아원, 유치원, 학교

허가가 있을 때까지는 쉬도록 하세요.

# 모세기관지염

아기에게 RS바이러스 등의 감기 바이러스가 감염되어 쌔액 쌔액하고 숨쉬기가 어려워지는 질병입니다. 추운 계절에 많이 발생합니다.

기침과 콧물, 코 막힘 등, 감기 증상으로 시작하지만 다음에 기침이 심해지고 쌔액 쌔액하고 힘들게 숨을 쉽니다.

쌔액 쌔액하는 소리가 사라져도 가래가 섞인 기침이 한참동안 계속됩니다.

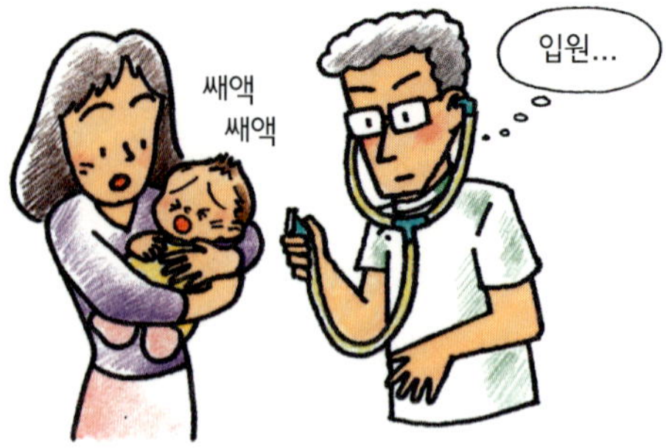


☆ 외래에서의 치료로 치유되는 경우도 있습니다만 증상이 심해지면 입원하여 산소 흡입을 해줘야 할 경우도 있습니다.

☆ 특히 6개월 미만의 아기, 미숙아, 그리고 선천성 심장병이 있는 아이들은 증상이 심해지기 쉬운 경향이 있습니다.

## 가정에서 주의할 사항

1. 숨쉬기를 힘들어 할 때는 등을 가볍게 두드려 주든지 몸을 일으켜 세우듯이 껴안아서 올려 주십시오.
2. 코가 막힌 때에는 면봉으로 깨끗하게 닦아 내 준다든지 콧물을 빨아 내 보십시오.
3. 방이 너무 건조한 상태가 되지 않도록 노력하십시오.
4. 모유랑 우유는 1회량을 줄여서 몇 번이고 나누어 먹이도록 하십시오.
5. 마신 량과 소변의 횟수 등을 메모해 두십시오.
6. 증상의 변화를 끝까지 지켜보는 것이 중요합니다. 의사의 지시에 따라 몇 번이든지 진찰을 받도록 하십시오.

## 이런 때는 한 번 더 진찰을

① 쌔액 쌔액, 피유 피유 등의 소리가 심해 숨쉬기가 힘든 것 같을 때
② 숨을 쉴 때마다 가슴과 배가 움푹 찌그러지는 모양이 보일 때
③ 얼굴색이 좋지 않을 때
④ 모유랑 우유를 잘 먹지 못할 때

* 크게 걱정하지 말고 한 번 더 소아과의 진찰을 받으세요.

# 수족구 병

병명처럼 손바닥, 발바닥, 그리고 입안에 작은 물집들이 생기는 병입니다. 엉덩이와 무릎에 생기는 경우도 있습니다. 영유아 사이에서 유행합니다. 전에 걸렸던 적이 있는 아이에게 또 전염이 되는 경우가 있습니다.

열이 나는 경우는 별로 없지만, 때때로 고열이 나는 경우가 있습니다. 손과 발의 물집은 아프지 않지만 입속이 아파서 먹을 수가 없게 되는 경우가 있습니다.

## 치 료

치료를 하지 않아도 자연히 치유되는 경우가 대부분입니다. 열이나 입안의 통증이 있을 때는 열이나 통증에 대한 약을 처방합니다.

## 가정에서 주의할 사항

❶ 음식물 : 입속이 아플 때에는 자극성이 없는 것을 주세요. 뜨거운 것, 짠 맛과 신 맛이 강한 것, 단단한 것은 피하세요.

❷ 목 욕 : 열이 없고 기력이 있으면 괜찮습니다.

## 이런 때는 한 번 더 진찰을

① 입속이 아파서 물을 잘 마실 수 없을 때

② 고열이 계속될 때

③ 토해서 추-욱 늘어져 버린 때

## 유아원, 유치원, 학교

열이 없고 기력이 있으면 가도 됩니다.

# 돌발성 발진

생후 4~5개월부터 1세 정도의 아기에서 갑자기 고열이 발생하여 3~4일간 계속됩니다. 태어난 후 처음으로 발생되는 열인 경우가 많고 기침이나 콧물은 나오지 않으나 대변이 묽어지는 경우가 있습니다. 열이 내리면 몸에 발진이 나타납니다. 홍역이나 풍진과는 전혀 다른 병으로 다른 아기에게는 전염되지 않습니다. 발진은 2~3일이면 사라집니다. 열이 내리고 발진이 나타날 즈음에 기분이 나빠지는 경우가 있으나 1~2일 후에는 좋아집니다.

## 치 료

높은 열이 있고 기분이 나쁘다면
해열제를 처방합니다.

고열이 3일간 / 열이 내리면 발진이 생긴다(치유됐다).

## 가정에서 주의할 사항

❶ 고 열 : 아주 높은 열이 계속되지만 열로 머리가 이상해지는 경우는 없으므로 당황하지 않도록.
열이 계속되는 동안은 아기가 마음이 평온하게 지내도록 해 주세요.
옷을 너무 많이 입히지 말고 너무 귀찮게 하지 않도록 주의하고 싫어하지 않으면 얼음베개로 차게 해 줘도 좋을 것입니다.

❷ 우 유 : 마시는 양이 적으면 조금씩 여러 번 주세요.
이온음료나 과즙을 좋아하면 줘도 됩니다. 열이 있기 때문에 수분을 충분히 줘야 합니다.

❸ 이유식 : 먹기 시작하면 아프기 전처럼 주세요.

❹ 목 욕 : 고열이 있거나 기력이 없을 때를 제외하고는 괜찮습니다.

## 이런 때는 한 번 더 진찰을

① 경련을 일으킨 때
② 수분을 제대로 섭취하지 못하고 기력이 없을 때

발진이 나타날 때까지는 의사도 「돌발성 발진 같다」라고 밖에 말할 수 없습니다.
고열이 계속되어 걱정이 될 때는 다시 진찰을 받아 보세요.

# 홍역(마진)

예방접종을 받지 않은 1세 전후의 아기에서 많이 걸립니다. 전염성이 강하고 증상이 아주 심한 병입니다.

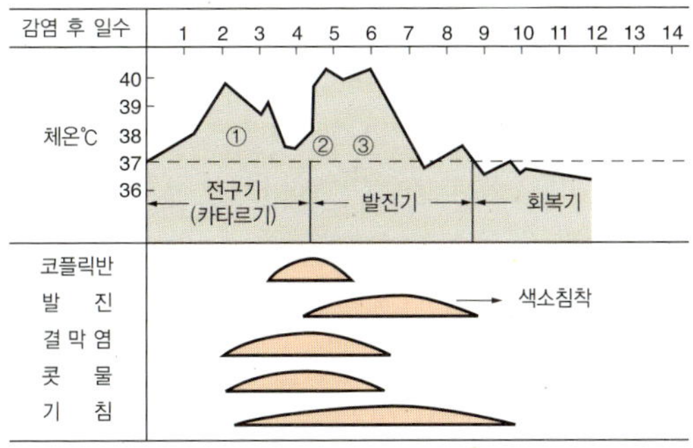


① 첫 2~3일간은 열, 기침, 콧물, 눈곱 등, 감기와 같은 증상을 보이고, 이 시기에 홍역이라고 진단하는 것은 어렵습니다.

② 일단, 열이 내리고 다시 고열이 발생함과 동시에 전신에 발진이 나타납니다.

③ 발진이 출현한 뒤에도 3~4일 더 고열이 지속됩니다.

## 가정에서 주의할 사항

❶ 고 열 : 열이 계속될 때는 해열제와 얼음베개를 사용하여 쾌적하게 지낼 수 있도록 해 주세요. 「홍역은 차게 해 주면 안 된다.」라는 말은 미신입니다.

❷ 심한 기침 : 기침을 멈추게 하는 약을 처방하지만, 그래도 심한 기침이 계속됩니다.

❸ 음 식 물 : 식욕이 없어짐으로 수분을 충분히 보충해 주고 소화가 잘 되고 입에 맞는 음식을 주도록 하세요.

❹ 목 욕 : 발진이 약해지고 기침도 적어지며 열이 없어지면 목욕을 해도 좋습니다.

### 다음 진찰은

홍역은 폐렴이나 뇌염을 일으킬 경우가 있기 때문에 완전히 치유될 때까지는 눈을 때어서는 안 됩니다. 의사가 지시한 날에 진찰을 받아 주세요.

### 다른 아이에게 전염될지 모른다

예방접종을 받지 않은 아이가 홍역에 걸린 아이와 접촉했을 때는 72시간 이내에 예방접종을 받으면 발병을 예방할 수 있는 가능성이 있습니다. 빨리 알아서 접종을 하세요.

# 백일해

DTaP(디프테리아, 파상풍, 백일해 3종 혼합 백신) 접종을 받지 않은 아이가 걸립니다.

아기에게는 위험한 병입니다. 처음에는 증상이 보통 감기와 같지만 다음에는 기침이 많아지고 심하게 콜록거려 얼굴이 새빨게 집니다. 1~2주일째쯤이 가장 심해질 때이고 3~4주일째쯤이 되면 조금씩 좋아집니다. 열은 나지 않습니다. 생후 6개월 이하의 아기들 중에서는 기침 때문에 숨을 쉴 수 없게 되는 경우가 있어 입원을 할 필요가 있습니다.

끙끙거리고 연속해서
콜록콜록 기침을 한다.

## 치 료

백일해에 효과가 있는 항생제와 기침을 멈추게 하는 약을 처방합니다.

## 가정에서 주의할 사항

❶ 음식물 : 계속하여 기침을 하고 토하므로 소화가 잘 되는 것으로 1회량은 적게 하고 먹이는 횟수를 늘려서 주세요.

❷ 목 욕 : 기침이 약해지고 기분이랑 식욕이 보통 때처럼 되면 목욕을 해도 됩니다.

## 이런 때는 한 번 더 진찰을

① 심하게 기침을 계속하여 숨이 멎을 것 같은 상태를 보일 때

② 기침으로 몇 번이고 토하고 기력이 없을 때

③ 열이 날 때

## 유아원, 유치원, 학교

백일해 특유의 기침이 사라질 때까지 쉬어야 하는 것으로 정해져 있습니다.

진단이 되고 나서 3주일 정도는 쉬어야 한다고 생각하세요.

### 다른 아기에게 전염되지 않게 하세요!

백일해를 앓는 아기가 다른 아기 가까이 가면 안 됩니다.

# 풍 진

감염되고 나서 2~3주일 후에 빨갛고 작은 발진이 몸 안에 나타납니다. 열은 전혀 나지 않는 아이에서부터 3일간 고열이 나는 아이까지 다양하지만 어느 쪽이든 3일 만에 치유됩니다. 「3일 홍역」이라고도 합니다만 홍역과는 다릅니다.

## 치 료

두통과 관절통, 발열이 있을 때에는 해열제와 진통제를, 심하게 가려울 때에는 가려움증을 없애는 약을 처방합니다.

## 가정에서 주의할 사항

열이 없고 기력이 있어도 발진이 사라질 때까지는 집 안에 있도록 해 주세요.
식사와 그 밖의 것들은 평상시처럼 해도 괜찮습니다.

## 이런 때는 진찰을

① 추-욱 늘어져서 기력이 없을 때
② 열이 3일 이상 계속될 때

## 유아원, 유치원, 학교

열도 없고 발진이 전부 사라져 버리면 괜찮습니다.

## 임신부에게 가까이 가지 않도록 !

임신 초기에 풍진에 걸리면 태어날 아기의 눈, 귀, 및 심장에 장애가 초래되는 경우가 있습니다.
풍진에 걸린 아이가 임신부나 임신이 됐을지도 모르는 사람에게 가까이 가면 안 됩니다.
임신부가 풍진에 걸렸을지도 모르겠다는 걱정이 있을 경우에는 산부인과 의사와 상담을 하세요.

# 포진성 구협염(헤르판지나)

영유아 사이에서 유행하는 여름 감기의 한 종류로 38~40℃의 열이 2~3일간 계속됩니다. 목 깊은 곳에 작은 물집들이 생기고 아프기 때문에 음식을 먹을 수 없게 됩니다. 심할 때에는 수분도 마실 수 없게 되어 탈수증을 일으키는 경우가 있습니다.

## 치 료

열과 목의 통증을 없애는 약을 처방합니다.

## 가정에서 주의할 사항

❶ 음식물 : 입 안이 아플 때에는 씹지 않고 삼킬 수 있는 것을 주세요.
푸딩, 아이스크림, 찬 죽, 두부, 찬 그라탱 등이 좋습니다.

❷ 수 분 : 수분을 충분히 섭취하도록 해 주세요.
오렌지 주스 등, 신 것을 먹으면 목 안이 따갑습니다.
우유와 보리차, 된장국, 찬 스프 등이 좋습니다.

❸ 목 욕 : 고열이 있을 때와 기력이 없을 때를 제외하고는 괜찮습니다.

## 이런 때는 한 번 더 진찰을

① 입 안의 통증이 심해서 물을 잘 마시지 못할 때
② 고열이 3일 이상 계속될 때
③ 기력이 없어 추-욱 늘어져 있을 때

## 유아원, 유치원, 학교

열이 내리고 입 안의 통증이 사라질 때까지 쉬도록 합니다.

# 헤르페스성 치육 구내염

헤르페스라는 바이러스의 감염으로 발생됩니다. 38~40 ℃의 고열이 계속되고 입 안에 작은 궤양이 생겨 매우 아픕니다. 잇몸이 빨갛게 부어오르고 출혈을 보입니다. 입 안이 아프기 때문에 먹을 수가 없게 되고 침을 많이 흘리게 됩니다. 심할 때는 물도 마실 수가 없게 되어 탈수증이 초래될 때가 있습니다. 열은 4~5일 후 사라집니다만 입 안의 통증과 부기는 1주일 정도 지속됩니다.

## 치 료

열과 입 안의 통증을 없애주는 약(물약, 바르는 약)을 처방합니다. 증상에 따라서는 항바이러스 약을 처방하는 경우가 있습니다.

## 가정에서 주의할 사항

❶ 음식물 : 입 안이 아프므로 씹지 않고 삼킬 수 있는 것을 주세요.
푸딩, 젤리, 아이스크림, 찬 죽, 두부, 찬 그라탕 등이 좋습니다.

❷ 수 분 : 수분을 충분히 섭취하도록 해 주세요.
오렌지 주스 등, 신 것을 먹으면 목 안이 따갑습니다.
우유와 보리차, 찬 된장국, 찬 스프 등이 좋습니다.

❸ 목 욕 : 고열이 있을 때와 기력이 없을 때를 제외하고는 괜찮습니다.

## 이런 때는 한 번 더 진찰을

① 입 안의 통증이 심해서 물을 잘 마시지 못할 때
② 고열이 3일 이상 계속될 때
③ 기력이 없어 추-욱 늘어져 있을 때

## 유아원, 유치원, 학교

침 같은 것으로 전염이 되므로 구내염이 완전히 치유될 때까지 1주일 정도는 집안에 있도록 하세요.

# 마이코플라스마 폐렴

마이코플라스마라는 병원체에 의해 발생되는 폐렴으로 어린이와 초등학교 아동들에서 많이 발생합니다. 기침이 심하고 열도 나는 경우가 많지만 때로는 미열 정도만 보이는 경우도 있습니다. 기관지염이라고 하여 페니실린 계와 세펨 계의 항생제를 먹어도 열이 내려가지 않거나 기침이 좀처럼 사라지지 않을 때에 마이코플라스마 폐렴일 경우가 있습니다. 가슴 X-선 사진과 혈액검사 등으로 진단이 됩니다.

## 치 료

마이코플라스마에 효과가 있는 마크로라이드 계의 항생제를 처방합니다. 많은 경우, 입원하지 않고도 치료될 수가 있습니다.

## 가정에서 주의할 사항

❶ 식욕이 없을 때는 수분과 본인이 좋아하는 것을 주세요.

❷ 열도 없고 기력이 있으면 목욕은 괜찮습니다.

## 이런 때는 한 번 더 진찰을

고열이 계속되고 심하게 기침을 콜록거리며 기력이 없어질 때

## 유아원, 유치원, 학교

열이 내리고 기침도 사라져서 주치의의 허가가 있으면 가도 좋습니다.

1주일 정도는 쉬도록 하세요.

# 수 두

물이 들어있는 빨간 발진이 입 속으로부터 음부, 머리 속까지 전신에 나타납니다. 발진은 2~3일째에 가장 심하게 나타나고 그 후에 말라서 검은 부스러기(딱지)가 됩니다. 평균 1주일 정도가 지나면 좋아 집니다.

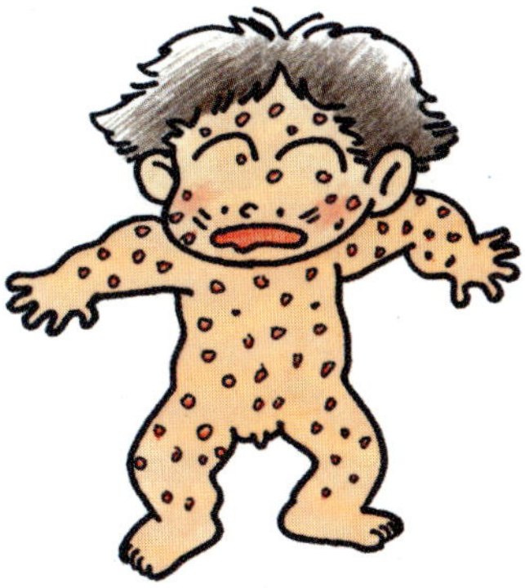

## 치 료

가려움증을 없애는 바르는 약과 먹는 약을 처방합니다.

곪은 경우에는 항생제가 들어 있는 연고나 먹는 약을 처방합니다. 증상에 따라서는 항바이러스 약을 처방하는 경우도 있습니다.

## 가정에서 주의할 사항

❶ 가려지만 : 긁어서 탈이 나지 않도록 손톱을 짧게 깎아 주세요.
아기라면 장갑을 끼우는 것도 좋습니다.

❷ 목 욕 : 목욕으로 땀을 쫙 흘리는 편이 가려움도 적어지고 곪는 경우도 적어집니다.

❸ 음 식 물 : 입 속에 생기면 아프므로 자극적인 것(짠 것, 신 것)은 싫어합니다.
특별히 먹지 않아야 할 것은 없습니다.

## 이런 때는 한 번 더 진찰을

① 발진이 빨갛게 부어서 곪은 때
② 멍하니 늘어져서 기력이 없을 때
③ 4일 이상 열이 계속될 때

## 유아원, 유치원, 학교

1주일 정도가 지나서 물집들이 전부 딱지가 되면 가도 됩니다.

## 수두의 예방주사

형제와 부모에게 전염되는 것을 막기 위해서 급히 예방주사를 맞는 방법도 있습니다. 주사의 시기와 예방 효과에 대해서는 의사와 상담해 주세요.

# 대상포진

수두에 한 번 걸린 적이 있는 아이에게서 몇 년이 지난 뒤에 재발한 것이 대상포진입니다. 다른 사람으로부터 전염된 것은 아니지만 다른 사람에게 전염됩니다. 전염된 사람에서는 수두가 발생됩니다.

## 증 상

조그마한 수포들이 전신에 넓게 산재하는 경우는 없습니다. 어른인 경우에는 심한 통증이 있지만 어린이에서는 통증이 별로 없습니다. 1주일 정도가 지나면 딱지가 생기면서 치유됩니다.

작은 물집들이 등에서부터 가슴까지 갈비뼈를 따라서 띠처럼 생깁니다. 얼굴이나 허리에 생기는 경우도 있습니다.

## 치 료

통증이 심하면 바르는 약과 진통제를 처방합니다.
증상에 따라서는 항바이러스 약도 처방합니다.

## 가정에서 주의할 사항

별로 아프다고 하지도 않고 기력도 있지만 수두와 같다고 생각하고 물집들이 딱지로 변할 때까지는 집 안에 있어 주세요. 식사와 그 밖의 것들은 평상시처럼 생활을 해도 괜찮습니다.

## 유아원, 유치원, 학교

1주일 정도가 지나서 물집들이 전부 딱지로 변하면 가도 괜찮습니다.

# 무균성 수막염

유행성 이하선염과 여름 감기의 바이러스가 원인이며 드물게 수막염을 초래하는 경우가 있습니다. 이것을 무균성 수막염 또는 바이러스성 수막염이라고 합니다.

열이 나고 두통이 심해지며 자주 구토를 합니다. 의식이 없어지기도 하고 경련을 일으키는 등의 심한 증상은 보통 없습니다.

외래 치료와 집에서의 안정만으로 대개는 치료되지만 입원해서 치료를 하는 경우도 있습니다. 후유증이 남는 경우는 거의 없습니다.

### 세균성 수막염의 경우에는...

① 고열, 의식장애, 경련
② 입원하여 중점적인 치료를 받을 필요가 있다.
③ 생명에 관계되는 경우도 있다.
④ 후유증이 남는 경우도 있다.

### 가정에서 주의할 사항

1. 안정을 취하도록 하는 것이 가장 중요합니다.
2. 머리가 아플 때는 해열제(아세타미노펜)를 진통제로 사용해도 됩니다. 단, 해열제의 사용 방법에 따라 한 번 사용하면 적어도 6시간 이상의 간격을 두고 사용하세요.
3. 스프 등의 수분을 조금씩 자주 먹이도록 하세요.
4. 식욕이 있으면 먹어도 됩니다. 음식물을 제한할 필요는 없습니다.

### 이런 때는 한 번 더 진찰을

① 경련을 일으킬 때 → 곧 바로 진찰을 받도록 !
② 꾸벅꾸벅 졸고 추–욱 늘어져 있을 때 → 빨리 진찰을 받도록
③ 열과 두통, 구역질이 계속될 때
④ 수분을 충분히 섭취하지 못할 때

# 용혈성 연쇄상구균성 인두염

용혈성 연쇄상구균이란 세균이 목에 감염되어 목의 통증, 열, 몸과 손발의 발진 등이 나타납니다.

혀는 딸기처럼 빨게 집니다. 전염하는 병입니다.

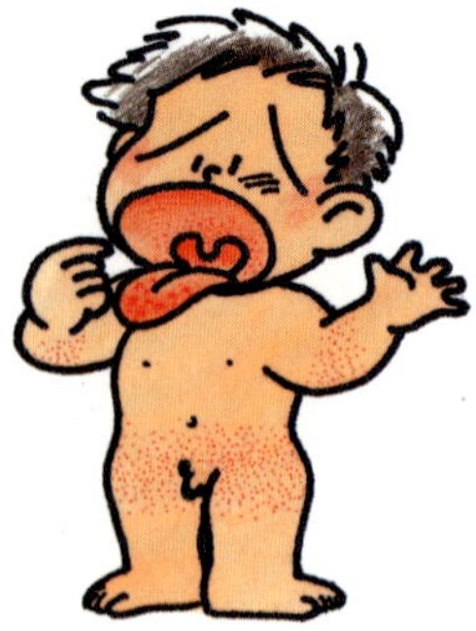

## 치 료

목의 검사로 용혈성 연쇄상구균이 있는 것이 확실하다면 항생제를 10~14일간 복용합니다. 하루나 이틀이면 열이 내리고 목의 통증도 사라집니다. 그래도 도중에 약 먹는 것을 중지해 버리면 재발합니다.

약을 제대로 먹지 않으면 류마치스 열을 일으키는 경우가 있으므로 지시한대로 마지막까지 약을 먹이는 것이 중요합니다.

## 가정에서 주의할 사항

❶ 가족에게 전염된다 : 형제와 부모에게도 같은 증상이 있으면 함께 진찰을 받고, 목의 검사를 받아 주세요.

❷ 음식물 : 목이 아플 때는 뜨거운 것과 매운 것, 신 것을 피하세요.

❸ 목 욕 : 열이 없으면 괜찮습니다.

## 이런 때는 한 번 더 진찰을

① 2일 이상 지나도 열이 내리지 않을 때

② 목의 통증이 심해서 물을 잘 마시지 못할 때

③ 1~2주일 후에도 기력이 없고 얼굴이 부어있으며 혈뇨(소변이 빨갛다)가 있는 등의 증상이 나타날 때

## 유아원, 유치원, 학교

항생제를 복용하기 시작하여 24시간 이상 지나면 다른 아이에게는 전염되지 않습니다. 의사의 허가를 받고 나서 가도록 해 주세요.

# 전염성 홍반(사과 병)

빰이 사과처럼 빨갛게 되므로 사과 병이라고도 합니다. 넓적다리와 팔에는 빨간 반점과 얼룩무늬가 생깁니다. 빰이 화끈거린다든지 좀 가려워지는 경우도 있습니다. 열은 나지 않습니다. 다만 어른이 걸리면 미열이 난다든지 허리와 무릎이 아플 경우가 있습니다.

## 치 료

자연히 치유되지만 가려움증이 심할 때는 가려움증을 멈추게 하는 약을 처방합니다.

## 가정에서 주의할 사항

❶ 음식물 : 평상시 같이 해도 괜찮습니다.

❷ 목 욕 : 괜찮습니다. 다만 뜨거운 욕조에 오래 들어가 있으면 붉은 기가 심해져서 오랫동안 남아 있는 경우가 있으므로 짧은 시간 안에 끝내도록 하세요.

❸ 운 동 : 운동으로 몸이 뜨거워진다든지 햇볕을 오래 쬐면 긴 시간 목욕을 하는 것과 같이 붉은 기가 오래 남아있게 됩니다.

## 이런 때는 한 번 더 진찰을

① 가려움증이 심해진 때
② 고열이 난 때
③ 기력이 없어져 갈 때

## 유아원, 유치원, 학교

빰이 빨개졌을 때는 이미 남에게 전염되는 시기가 지난 뒤이므로 가도 괜찮습니다.

# 언제부터 유아원이나 유치원에 갈 수 있나요?

홍역, 수두, 그리고 유행성 이하선염(볼거리) 등은 출석을 정지해야 할 기간의 기준이 확실히 정해져 있지만 수족구 병, 전염성 홍반(사과 병)과 용혈성연쇄상구균성 인두염 등에 대해서는 의사에 따라 그 기준이 다른 경우가 있습니다, 그러나 많은 소아청소년과 의사들은 교육과학기술부의 기준에 따라서 다음과 같이 생각하고 있습니다.

### 출석 정지에 관한 사고방식

어린이가 전염병에 걸렸을 때에는 건강 회복을 제 1의 목적으로 하여 쉬게 하지만 감염력이 강한 질환일 경우에는 어린이의 출석을 정지시킴으로써 어린이가 속해 있는 집단에서 더 이상 질병이 퍼져 나가지 않도록 하는 것도 큰 목적이 됩니다. 그러나 예방방법이 있거나 감염력이 약한 경우, 혹은 감염되어도 건강 피해가 크지 않다고 생각되는 경우에는 필요 없이 출석을 정지하지 않도록 하여 즐거운 생활을 할 수 있도록 해 주는 것이 중요합니다.

### 수족구 병의 경우

열이 있는 동안과 구내염이 심한 때에는 쉬도록 해 주세요. 열이 내리고 기력이 회복되면 가도 됩니다. 대변과 소변에서는 2~4주일간 바이러스가 배설되지만 감염력이 약하므로 출석은 해도 지장이 없습니다.

### 전염성 홍반(사과 병)의 경우

뺨이 빨갛게 된 후에 진단된 때에는 이미 전염이 되지 않는 상태이기 때문에 출석을 정지할 필요가 없으므로 기력이 있으면 가도 됩니다. 바이러스의 배설 기간(감염력이 있는 기간)은 발진이 나타나기 1~2주일 전의 며칠 동안이라고 알려져 있습니다.

### 용혈성 연쇄상구균성 인두염의 경우

진단되고 제대로 항생제 치료가 이루어지면 대부분의 경우, 24시간 이내에 감염력이 없어집니다. 치료를 시작하고 나서 24시간 이상 경과하여 열도 없고 기력이 있으면 의사의 허가를 받아 출석해도 됩니다.

# 다른 진료과와 관련 있는 질환

# 림프절의 멍울

목 주위, 겨드랑이, 샅, 머리 뒤쪽 등에 멍울멍울 만져지는 것들이 있습니다. 목욕할 때에 만져져서 알게 되는 경우가 많습니다. 만지거나 눌러봐도 통증은 없습니다. 표면은 매끄럽고 잘 움직입니다. 하나만 있는 경우도 있지만 여러 개가 만져지는 경우도 있습니다. 이것이 무엇일까 라고 걱정이 되지요?

## 이것은 림프절입니다.

림프절은 몸 안의 도처에 있고 병원체나 이물질이 체내에 들어가는 것을 방지합니다.

혈관과 장기의 곁에 광범위하게 분포되어 있으며 신체의 표면 가까운 곳에 있는 것은 피부에서 만질 수가 있습니다.

## 그대로 놔두어도 좋습니까?

알아차렸을 때의 크기를 기억해 두세요. 2~3주일이 지난 뒤에도 크기에 변화가 없으면 걱정을 하지 않아도 됩니다.

## 이런 때는 진찰을 받아보세요.

림프절이 점점 커지거나 목과 머리 뒤만이 아니고 여러 장소의 림프절이 부어오르는 등의 변화가 있으면 의사와 상담을 하세요. 혈액 검사와 초음파 검사 등을 할 경우가 있습니다. 때로는 부어오른 림프절을 세침흡입술이나 수술로 때어내어 조사하는 경우도 있습니다.

## 몸을 지키기 위해 림프절이 부어오르는 경우가 있다.

부어오른 장소의 가까운 곳에 상처, 습진, 땀띠, 혹은 종기 등이 있는 경우에는 외부로부터 병원체나 이물질의 침입을 방지하기 위해서 림프절이 부어오르는 것입니다. 상처나 종기가 치유되면 림프절도 서서히 작아집니다.

# 아나필락토이드 자반증

갑자기 모세혈관이 약해져서 쉽게 출혈을 일으키는 질병입니다. 알레르기성 자반증, 혈관성 자반증, 헨노크-쉔라인 자반증 등, 여러 가지 이름으로 불립니다.

발과 팔에 보라색 반점이 생기고 심한 복통과 혈변, 관절의 통증과 부종, 손발의 부종 등의 증상이 나타납니다. 보라색 반점은 1~2주일 정도 지나면 사라지지만 반복하여 발생되는 경우도 있습니다.

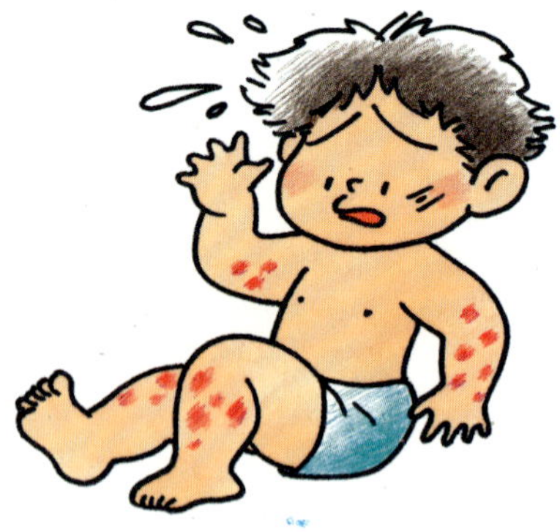

## 신장염이 발생되는 경우가 있다.

보라색 반점이 생기고 나서 1개월 이내에 혈뇨와 단백뇨를 보이는 경우가 있습니다. 대부분의 신장염은 자연히 치유되지만 주의 깊게 경과를 관찰하는 것이 중요합니다.

## 치 료

보라색 반점에 대한 특별한 약은 없습니다.
복통과 관절통이 있을 때는 진통제와 물찜질 등으로 치료합니다.
심한 복통과 혈변이 계속될 때나 신장염이 생긴 때에는 입원이 필요합니다.

## 가정에서 주의할 사항

1. 침착하게 : 의사의 지시에 따르고, 격심한 운동은 하지 마세요.
2. 식　　사 : 복통과 혈변이 없어지면 식사는 평상시대로 해도 좋습니다.
3. 목　　욕 : 기력이 좋아지면 목욕을 해도 됩니다.

## 이런 때는 빨리 진찰을

심한 복통과 혈변이 계속될 때는 빨리 진찰을 받도록 하세요.

## 다음 진찰은

증상이 없어져도 수 개월간은 정기적으로 소변검사를 할 필요가 있습니다.

## 유아원, 유치원, 학교

의사로부터 허가가 있을 때까지 쉬게 해 주세요.

# 카와사키 병

고열이 수 일간 계속되고 기분이 나빠집니다. 눈이 빨갛게 충혈되고 입술도 새빨갛게 되며 피부에 발진이 나타납니다. 손과 발끝과 목의 멍울(림프절)이 부어오르고 BCG를 접종한 곳이 빨게 집니다. 처음부터 이런 증상들이 다 나타나는 경우는 거의 없으며 고열이 가장 먼저 나타나고 이어서 이 증상들이 차례차례 나타납니다. 때로는 심장에 장애를 초래하는 경우가 있습니다. 카와사키 병의 원인은 알려져 있지 않습니다.

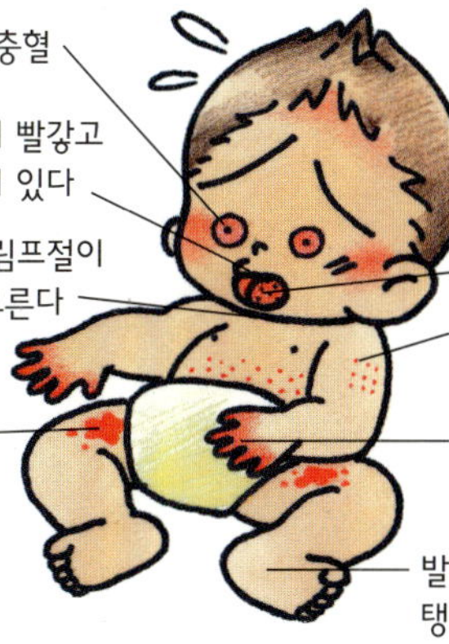


## 치 료

카와사키 병이 강력하게 의심이 되면 입원 치료가 필요합니다. 진단이 되면 심장의 장애를 방지하기 위해서 감마 글로불린의 점적주사를 시행합니다.

### 진단이 확실해질 때까지 가정에서 주의할 사항

❶ 고 열 : 고열이 계속되고 기분도 나쁜 상태이지만 해열제를 너무 많이 사용하지 않도록 주의하세요.

❷ 음식물 : 식욕이 없는 것은 어떻게 할 수가 없습니다. 아이가 좋아하고 소화가 잘 되는 것을 주세요.

❸ 수 분 : 수분을 충분히 섭취하도록 항상 주의해 주세요.

❹ 목 욕 : 고열로 기분이 나쁠 때는 피해 주세요.

### 다음 진찰은

① 의사가 지정한 날에 진찰을 받아 주세요.

② 기력이 더 없어지고 추-욱 늘어져 갈 때.

### 치유됩니까?

입원하여 잘 치료를 받으면 대부분 생명에 지장은 없습니다.

심장에 장애를 남기는 경우가 있으므로 퇴원 후에도 계속해서 자세한 검사를 하고 경과를 지켜 볼 필요가 있습니다.

# 사 시

양 눈이 안쪽으로 치우쳐져 있는 것을 내사시, 바깥쪽을 향하고 있는 것을 외사시라고 합니다.

일시적으로 사시가 되는 경우와 원시가 원인이 되어 사시가 되는 경우도 있으므로 사시가 전문인 안과의사에게 자세한 진찰을 받아 볼 필요가 있습니다.

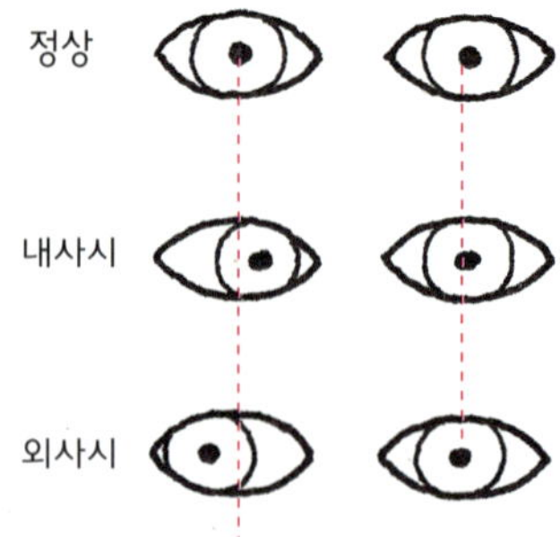


## 가성 내사시

아기는 실제로는 내사시가 아닌데도 언뜻 보아 내사시로 보이는 경우가 있습니다. 이것은 눈과 눈 사이(콧부리 부분)가 아직 솟아오르지 않은 상태이기 때문에 피부가 양 눈의 내측을 덮고 있기 때문입니다. 성장함에 따라 양 눈 사이의 피부가 코 쪽으로 당겨져 가므로 정상으로 되어 갑니다.

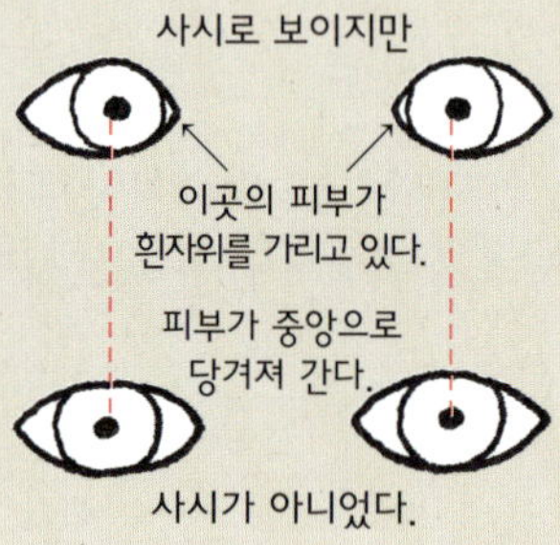


## 간헐성 외사시

양 눈으로 자세히 보고 있을 때도 있어서 때때로(피곤할 때와 졸릴 때 등) 한쪽 눈의 시선이 바깥쪽으로 벗어나는(시선이 맞춰지지 않게 된다) 경우가 있습니다. 급히 수술을 해야 할 것은 아니지만 전문의에게 정기적으로 진찰을 받는 것이 중요합니다.

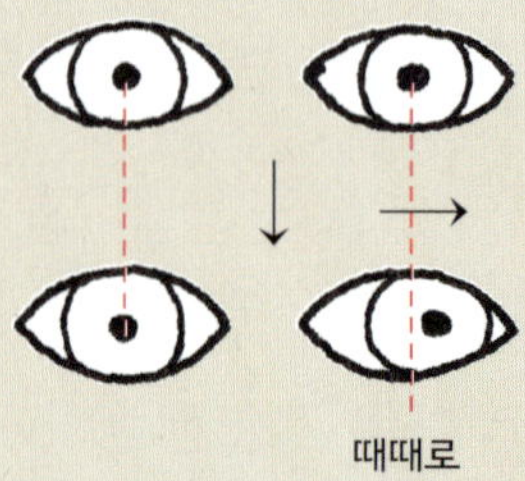

# 급성 중이염, 삼출성 중이염

고막보다 깊은 중이에 세균이 들어가 염증을 일으킨 병입니다. 감기가 원인이 되어 발생하는 경우가 많고 좀처럼 열이 내리지 않으며 기분이 나빠져서 자주 울고 귀가 아프다고 합니다. 자꾸만 귀로 손이 가는 등의 증상이 있으면 중이염을 의심해야 합니다.

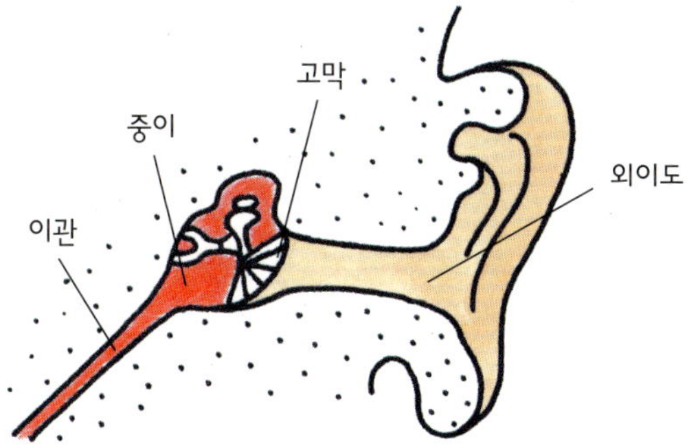


## 귀 고름(이루)

중이염이 진행되면 고막이 파열되고 귀에서 고름이 나옵니다. 이렇게 되면 통증은 없어지게 되지만 중이염이 치유되는 것이 아니므로 반드시 치료를 받아 주세요.

## 치료 중에 주의할 사항

항생제를 먹고 귀 속을 소독하며, 때로는 고막을 절개해서 고름을 제거하는 등의 치료를 합니다. 중이염의 치료에 있어서 중요한 점은 약 먹는 것을 제멋대로 중지하지 않아야 한다는 것입니다. 완전하게 치유되지 않으면 재발이 된다든지 삼출성중이염을 일으키게 됩니다.

## 유아원, 유치원, 학교

통증과 열이 없어지면 가도 좋습니다. 중이염은 전염병이 아닙니다. 수영장은 의사의 허가를 받고 나서 가야 합니다.

## 삼출성 중이염

고막보다 깊은 곳에서 조금씩 나온 액체가 계속하여 고이게 되는 병입니다. 그대로 방치하면 난청을 초래하는 경우가 있습니다.

《증상》 열과 통증은 없습니다. 귀 속이 막힌 느낌과 잘 들리지 않게 되는 등의 증상으로 알 수 있게 됩니다.

《치료》 치료는 몇 주일간, 때로는 몇 개월간도 계속하게 됩니다. 도중에 단념하지 말고 완전히 치유될 때까지 통원치료를 받도록 하세요.

# 코 피

## 코피의 원인

어린이한테서는 자주 볼 수 있는 것입니다. 혈액질환이 원인이 되는 경우는 극히 드뭅니다. 또한 「머리에 피가 올라가서」 코피가 나오는 것이 아닙니다. 코를 자주 만진다든지 손톱으로 코 속을 후비기 때문에 코피가 나오는 것입니다. 알레르기성 비염이 원인이 되는 경우도 있습니다.

한번 출혈이 있으면 얼마 동안은 코를 세게 풀기만 해도 쉽게 출혈을 하게 됩니다.

## 가정에서 주의할 사항

① 앉힌 후에 머리를 약간 앞으로 구부리게 한다.

② 출혈이 있는 곳은 코의 입구로부터 1㎝ 정도 안에 있습니다. 그 곳에 솜뭉치나 티슈페이퍼뭉치를 넣어 놓고 약 10분간 콧방울을 쥐어 압박을 합니다.

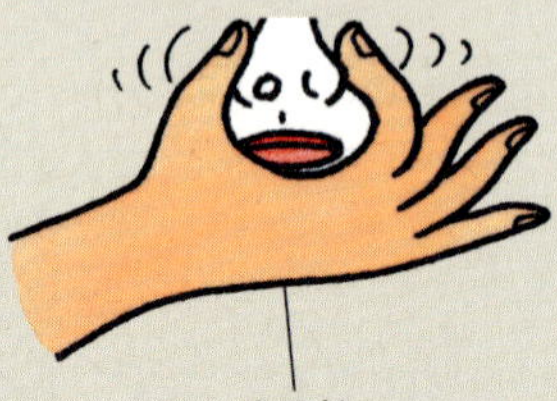


- 솜뭉치나 티슈페이퍼뭉치를 빨리 바꿔 넣으면 힘들여서 막아 둔 상처자리가 다시 열려져 버리므로 시간이 많이 경과되어도 잘 지혈이 되지 않습니다.
- 머리를 뒤로 젖히면 코피가 목으로 이동되어 삼켜 버리게 됩니다. 피를 삼키면 토합니다.
- 목 뒤를 가볍게 두드려 준다든지 찬 수건으로 차게 해 주는 것은 효과가 없습니다.

## 이런 때는 병원으로

① 10분간 압박을 해도 멈추지 않을 때

② 여러 번 반복되고 안색도 나쁠 때

③ 시퍼런 멍이 몸의 표면에서 많이 보일 때

# 편도선 비대, 아데노이드 비대

## 편도선은 크기가 큰 것만으로는 걱정을 할 필요가 없다.

목 깊숙이 좌우 양쪽에 있는 편도선이 클 경우를 편도선 비대라고 합니다. 어린이의 편도선은 큰 것이므로 크다고 해서 특별히 치료를 해야 할 필요성은 없습니다. 중학생 정도가 되면 작아집니다.

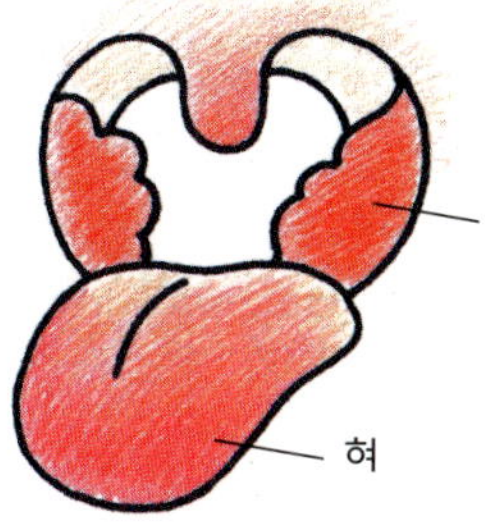


### 수술이 필요한 경우는

- 편도선염에 의한 열이 반복해서 초래될 때.
- 편도선에 균이 살고 있어 신장 등에 나쁜 영향을 끼치고 있을 때.

## 아데노이드의 비대

아데노이드가 커지면 코의 깊은 곳이 막혀 버리는 상태가 되므로 입으로 숨을 쉰다든지 코고는 소리가 강해져서 깊이 잠들지 못하게 됩니다. 또한 귀의 깊은 곳에서 이루어지는 공기의 출입도 나빠져서 난청이 되는 경우가 있습니다. 주의력도 산만해져 갑니다.

이런 증상을 보일 때에는 수술을 해야 할 경우가 있습니다. 이비인후과에 상담을 해 보세요.

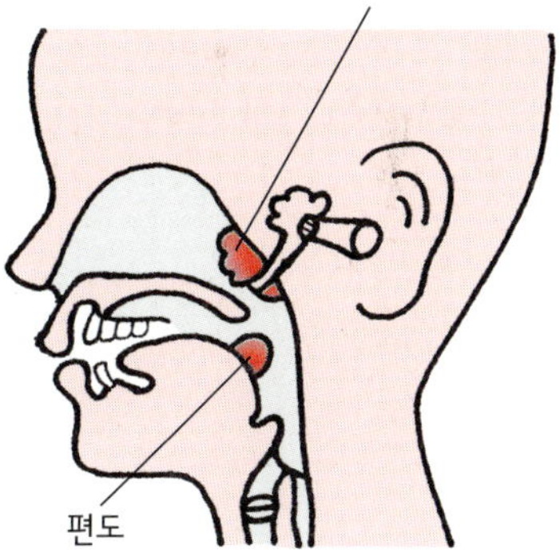

# 무해성 심잡음

심장은 몸 전체에 혈액을 보내주는 펌프입니다. 두근두근하고 규칙적으로 움직이고 있습니다. 청진기로 듣는 심장의 소리를 심음이라고 합니다. 심잡음은 정상적인 심음이 아닌 소리를 말합니다.

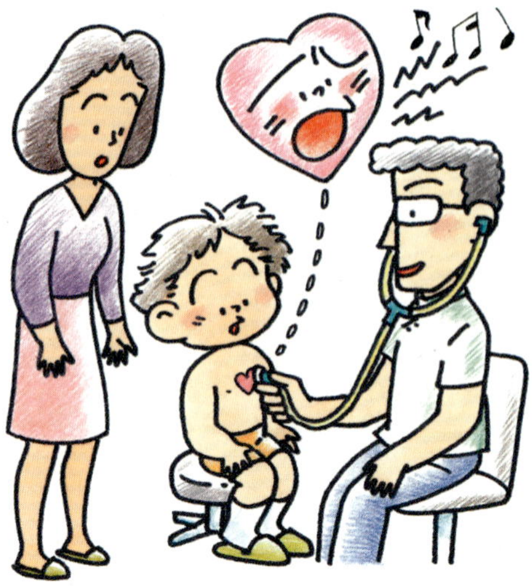

## 무해성 심잡음이라면 걱정할 필요가 없습니다.

주의 깊게 들어 보면 보통 2명의 어린이 중 1명 정도에서 심잡음이 들립니다. 그 중 많은 경우는 무해성 심잡음이라고 하는 「심장에는 이상이 없는」 소리입니다. 무해성 심잡음이라고 청진으로 판단할 수 있는 경우는 많지만 심장에 이상이 있을 때에 들을 수 있는 심잡음과 구별을 하기 위한 검사가 필요할 경우가 있습니다.

무해성 심잡음이라는 것이 확인되면 운동을 제한할 필요가 없습니다. 일상생활은 평상시처럼 하도록 해 주세요.

## 심장에 이상이 있을 때의 심잡음

심장에 이상이 있을 때에는 특별한 심잡음을 들을 수 있습니다. 무해성 심잡음과 비교하면 소리의 크기와 음색이 다릅니다. 심장병을 진단하기 위해서 심장의 에코 검사와 심전도, 심음도, X-선 검사가 필요합니다. 심장 전문 의사(소아 순환기과)의 진찰이 필요한 경우도 있습니다.

# 땀띠

땀이 나오는 구멍이 막혀서 염증이 생긴 것으로 이마와 목 주위, 가슴 등과 같이 땀이 잘 나오는 곳에서 많이 보입니다.

### ❶ 땀을 흘린 채로 두지 않는다.

- 땀을 쉽게 흡수하는 내의(목면, 가제)를 입힌다.
- 땀을 흘리면 바로 바로 바꿔 입힌다.
- 옷을 벗겨 두면 오히려 땀띠가 더 쉽게 생긴다.
- 목욕이나 샤워로 땀을 씻어 낸다.

### ❷ 서늘하게 해준다.

- 냉방장치를 사용한다(너무 차게 하지 않도록).
- 선풍기를 사용한다(먼 곳으로부터 미풍으로).
- 머리에 땀띠가 많은 아기에게는 얼음베개를

### ❸ 약을 바른다.

- 처방된 약을 지시한 대로 사용한다.
- 시판중인 약을 자기 마음대로 사용하지 않도록 한다.

### 땀을 흘리는 것도 중요한 것이다.

사람의 체온이 일정하게 유지될 수 있는 것은 땀샘의 작용에 의한 것이 크다고 합니다. 항상 쾌적한 환경 속에 있으면 체온 조절을 할 필요가 없으므로 기온의 변화에 적응할 수 없게 됩니다. 땀을 흘리는 경험을 하는 것은 중요한 것입니다.

# 전염성 연속종

둥글고 반짝이며 전염이 되는 사마귀 같은 것입니다. 터뜨리면 하얀 찌꺼기 같은 물체가 나옵니다. 이 찌꺼기 안에 바이러스가 많이 들어있어서 이것에 접촉이 되면 옮기게 됩니다. 전염성 연속종 자체는 통증도 가려움도 없습니다.

## 치료

① 약 : 여러 가지 약을 사용해 보는 경우도 있지만 확실하게 효과가 있는 약은 없습니다.

② 짜 낸다 : 핀셋으로 짜내고 소독을 해 줍니다. 그래도 아프고, 전부 짜내도 다시 생기는 경우가 있습니다.

③ 치유될 때까지 기다린다 : 특별한 치료를 하지 않아도 1년 쯤 지나면 바이러스에 대한 면역이 생겨 자연 치유됩니다.

## 이런 때는 한 번 더 진찰을

① 전염성 연속종을 긁어서 곪은 경우

② 전염성 연속종의 주위에 습진이 생겨 가려울 때

## 전염성 연속종과 수영장

- 수영장의 물로는 전염이 되지 않습니다.
- 벗은 몸을 비벼댄다든지 수영튜브나 발장구 연습용 널판, 수건을 함께 사용하면 전염될 수 있습니다.
- 수영장에 들어가는 것이나 물놀이를 금지할 필요는 없으며 유치원이나 학교를 쉴 필요도 없습니다.

# 전염성 농가진

생채기나 벌레에게 물린 곳, 땀띠, 습진 등에 화농균이 들어가서 고름집이 생기게 됩니다. 이 고름집을 긁어서 오염된 손으로 다른 장소를 긁으면 그 곳에 불똥이 튄 것처럼 또 다른 고름집이 생기게 되는 병으로 여름에 많이 볼 수 있습니다.

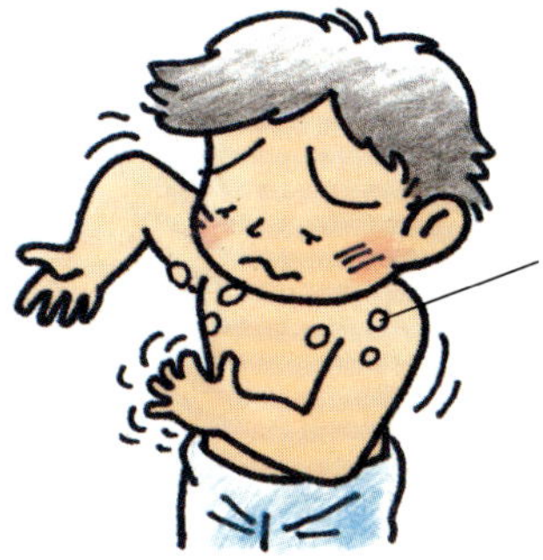

직경 수 mm~수 cm의 고름집이 사지와 몸 통에 생긴다.

## 치료

- 먹는 약 : 항생제를 먹여 몸 안으로부터 화농균을 해치웁니다. 의사가 지시한데로 마지막까지 먹여 주세요.
- 바르는 약 : 항생제가 들어 있는 연고를 바릅니다.
  매일 2~3회 발라 주세요.

## 가정에서 주의할 사항

❶ 목 욕 : 샤워로 비누를 사용해서 깨끗이 씻어 낸 후에 연고를 발라 주세요.
❷ 손 씻기 : 손톱을 짧게 자르고 매일 여러 번 비누로 손을 씻으세요.
❸ 수 영 장 : 농가진이 말라서 딱딱해 질 때까지는 들어가지 않도록 하세요.

## 이런 때는 한 번 더 진찰을

① 열이 날 때
② 2일 이상이 지나도 고름집의 수가 많아 질 때
③ 얼굴과 몸이 빨갛게 부어오를 때

## 유아원, 유치원, 학교

농가진의 정도에 따릅니다만 1~2일간 쉬게 하는 경우가 있습니다.

# 두드러기(심마진)

모기에게 물렸을 때처럼 피부가 볼록 볼록 부풀어 오르고 매우 가려워 집니다. 형태나 크기도 여러 가지이고 갑자기 생기며 대체로 1시간 정도가 되면 사라져 버립니다.

## 치 료

① 먹는 약 : 가려움을 멈추게 하는 약을 먹입니다. 바르는 약은 대개 효과가 없습니다.

* 몇 번이고 반복하여 두드러기가 나타나는 경우에는 먹는 약을 몇 주일간(때로는 수 개월간) 계속해서 먹여야 할 경우가 있습니다.

② 차게 해준다 : 찬 수건이나 냉방장치로 차게 해주면 편해집니다.

## 원인은?

음식 알레르기와 약품 알레르기, 그 외에 동물, 식물, 화장품, 추위, 감염 등, 많은 원인이 있습니다. 무엇인지 마음에 짚이는 것이 있습니까?
의사와 함께 조사해 보세요. 특히 음식물 중에 마음에 짚이는 것이 있으면 일단 식사일기를 써 보아도 좋을 것입니다.

두드러기의 원인은?

## 이런 때는 한 번 더 진찰을

① 쎄- 쎄-하고 숨쉬기를 힘들어 하는 것 같을 때
② 배가 아프다고 할 때
③ 축 늘어져 있을 때

# 동상

춥고 찬 공기에 반복하여 노출되어 피부에 있는 모세혈관의 혈류가 나빠져서 발생됩니다. 붉게 부풀어 오르고 아프면서 가려워 지게 됩니다.

## 치 료

손과 발 끝 부위에서 혈액의 흐름을 좋게 해주는 것이 제일 중요합니다. 따뜻한 물에 5~10분간 담그고 나서 물기를 철저히 닦아 낸 뒤에 혈액의 흐름을 좋게 하는 약을 바르고 충분히 마사지를 해 줍니다. 목욕 후에도 같은 처치를 해 줍니다.

따뜻한 물에 담근다

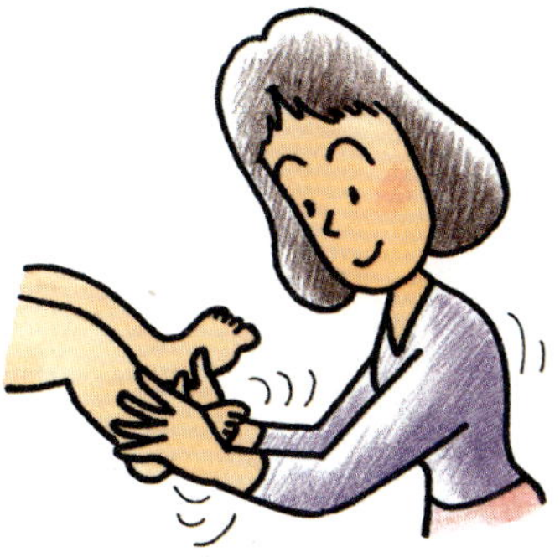

마사지를 한다

### 동상의 예방

1. 손을 젖은 상태로 있게 하지 않아야 합니다.
2. 물크러지기 쉬운 양말은 피해야 합니다.
3. 꼭 끼는 신발, 발목을 꽉 죄는 양말은 피해야 합니다.

# 이(머릿니)

이의 알은 머리카락에 비듬처럼 착 달라붙어 있습니다. 비듬은 손가락으로 훑으면 떼어낼 수가 있지만 이의 알은 떼어낼 수가 없고 움직이지도 않습니다.

이가 피를 빨아 먹으면 가려워지므로 머리를 자주 긁게 되고 긁기 때문에 상처가 생기기도 합니다.

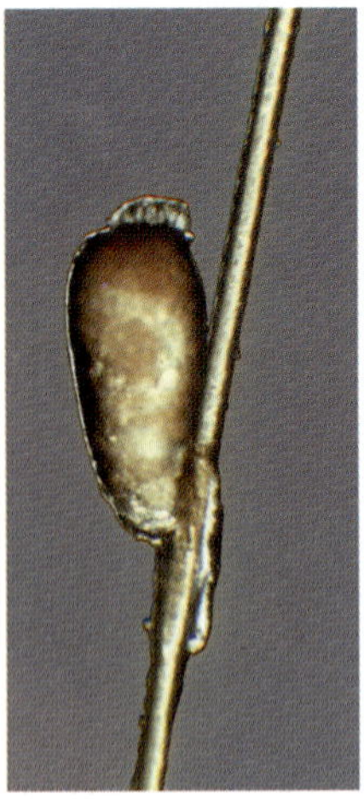

이의 알

## 치 료

라이센드® 샴푸를 두발 전체에 골고루 퍼지게 샴푸를 하고 5분간 그대로 둔 뒤에 씻어 내 주세요. 1주일 후에 다시 한 번 반복해 주세요.

가족 모두가 함께 치료를 해야 합니다.(남자 아이라면 머리를 빡빡 깎아 주는 것도 좋은 방법입니다.)

## 가정에서 주의할 사항

1. 베개 커버, 시트, 모자 등은 60℃의 따뜻한 물에 약 10분간 담구든지 의류 건조기를 사용하여 이와 이의 알을 죽여주세요.
2. 빗, 헤어브러시 등을 모든 가족이 함께 사용하지 않도록 하세요.

## 유아원, 유치원, 학교

① 이라고 진단이 되면 유치원과 학교에도 알려 주세요.
② 불결하기 때문에 이가 옮겨 온 것은 아닙니다.

# 가벼운 혈뇨와 단백뇨

## 목적은 신장병의 조기발견

학교에서 시행하는 소변검사와 3세 어린이의 건강검진, 유치원에서의 소변검사에서 가벼운 혈뇨와 단백뇨가 발견되는 경우가 있습니다. 이런 소변검사는 신장병을 빨리 발견하여 치료하는 것을 목적으로 시행하고 있습니다.

정기적인 소변검사

## 대부분은 수 년 이내에 치유된다.

끈기 있게 통원 치료를 하는 것이 중요합니다. 혈뇨와 단백뇨의 정도가 심해지고 게다가 정밀검사와 치료가 필요하게 되는 경우도 있지만 대부분은 수 년 이내에 치유됩니다.

## 정기적인 소변검사가 필요

처음으로 발견된 때에는 혈액을 검사한다든지 초음파 검사가 필요한 경우도 있지만, 이런 검사에서 이상이 없으면 다음에는 정기적으로 소변검사를 하며, 혈뇨와 단백뇨의 정도가 심해지지 않는지를 관찰해 갑니다.

## 생활의 제한은 불필요

학교와 유치원의 생활에 관해서는 의사에게 생활구분지도표를 받아서 그 지시에 따르세요. 가벼운 혈뇨와 단백뇨일 때는 일상생활을 제한할 필요가 없습니다. 가정에서도 의사로부터 특별한 지시가 없으면 식사와 운동을 제한할 필요가 없습니다.

## 기립성 단백뇨

체위성 단백뇨라고도 합니다. 병은 아닙니다. 일어선다든지 허리를 구부릴 때만 나타나는 단백뇨로 신장이 나쁘기 때문인 것이 아닙니다. 단백질이 대량으로 나올 경우는 없으며 얼굴이랑 몸이 부어오른다든지 소변의 량이 감소되는 경우도 없습니다. 평상시처럼 생활하도록 해 주세요. 물론 운동과 식사의 제한도 할 필요가 없습니다.

# 요로 감염증

소변이 통과하는 길(요로) 중, 신우에 감염이 초래된 경우를 신우염, 방광에 감염이 초래된 경우를 방광염이라고 합니다.

어린이의 요로 감염증은 증상이 뚜렷하지 않은 경우가 많으므로 진단이 어렵습니다. 진단에는 소변검사가 필요합니다.

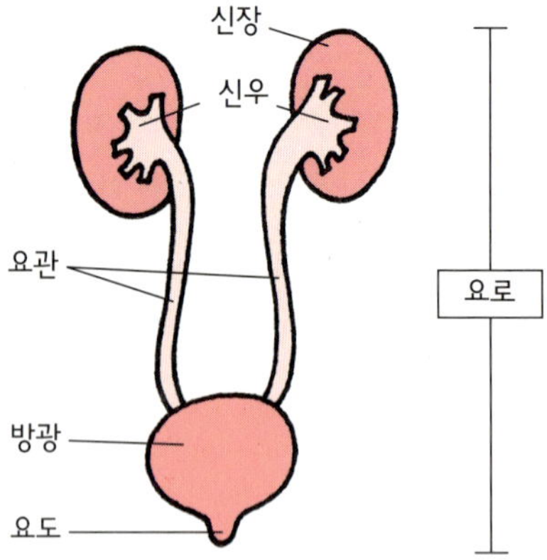


## 치 료

항생제를 먹인다 : 보통 2~3일로 좋아 지지만, 이 때 약 먹는 것을 중지하면 쉽게 재발되므로 의사의 지시에 따라 약 먹는 것을 계속해야 합니다.

## 가정에서 주의할 사항

❶ 수분을 넉넉하게 : 평상시보다 많은 수분을 먹도록 해 주세요. 몸 안의 세균을 씻어내는 기분으로.

❷ 소 변 : 소변보는 것을 참지 않도록 할 것.
소변을 본 뒤에 닦아내는 방법에도 주의가 필요합니다.

❸ 변 비 : 변비가 계속되면 요로 감염증이 초래되기 쉬우므로 매일 대변을 보는 습관을 갖도록.

## 재발을 예방하기 위해서는

요로 감염증이 반복되면 신장에 장애가 남는 경우가 있습니다. 재발을 예방하는 것이 중요합니다.

① 치유된 뒤에도 의사와 약속한 날에 정기적으로 검사를 받으세요.

② 의사의 지시에 따라 요로에 이상이 없는지를 알기 위한 정밀검사를 받으세요.

# 음낭수종, 정류 고환

## 음낭수종

고환을 둘러싸고 있는 막 안에 물이 고여서 음낭이 부어오른 것입니다. 물이 고인 것은 병이 아닙니다. 통증도 없습니다.

### 치 료

①기다린다 : 대개 생후 6개월 정도가 되면 자연히 물이 흡수되어 치유된다.

②수 술 : 1년이 지나도 크기가 클 경우.
점점 커지는 경우.
서혜탈장이 함께 있을 때.

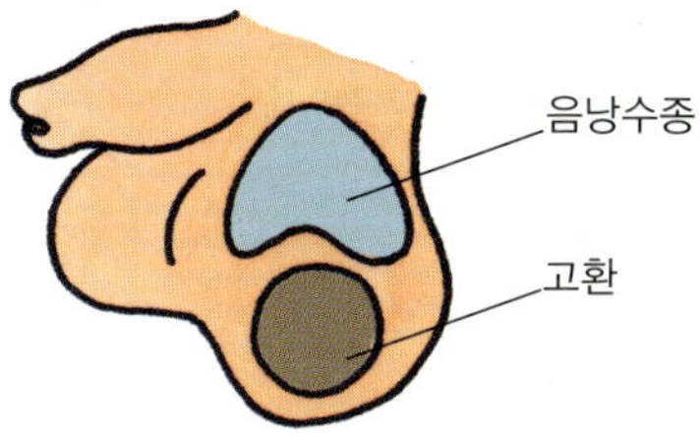


## 정류고환

태아일 때에는 고환이 배 속에 있는데 태어나기 전에 음낭까지 내려옵니다. 그런데 내려오는 도중에 멈춰 버리는 경우가 있습니다.

### 욕조에서의 진단

정류고환처럼 보여도 욕조에서 몸이 따뜻해질 때에 고환이 음낭 안으로 내려와 있는 경우가 있습니다. 이런 경우라면 걱정할 필요가 없습니다.

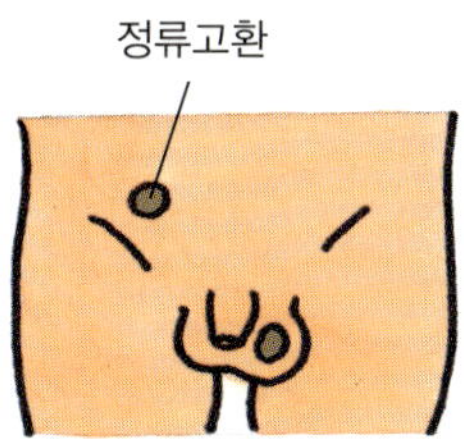


### 치 료

만 1세가 되어도 내려오지 않는 경우에는 전문의사와 상담하여 수술을 받도록 하세요.

# 귀두포피염, 치구

## 귀두포피염

세균에 의해 포피와 귀두에 염증이 생겨 자지 끝이 빨갛게 부어오르고 고름이 나오며 소변을 볼 때는 아파합니다. 팬티에 노란 색의 고름이 묻어 있는 것으로 알아차릴 경우도 있습니다.

### 치 료

① 항생제를 먹인다.
② 항생제가 들어있는 연고를 바른다.

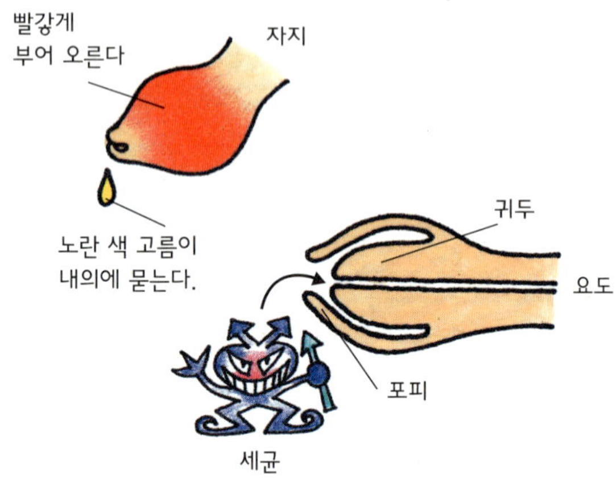


### 가정에서 주의할 사항

❶ 목욕을 할 때, 잘 씻고 청결하게
❷ 자지를 만지지 않도록 하세요.

## 치구

자지를 덮고 있는 포피의 아래에 황백색의 치즈 덩어리 같은 것이 있는 경우가 있습니다. 이것은 구(때)가 쌓여서 생긴 것으로 치구(스메그마, 귀두지)라고 합니다. 그대로 놔두어도 괜찮습니다.

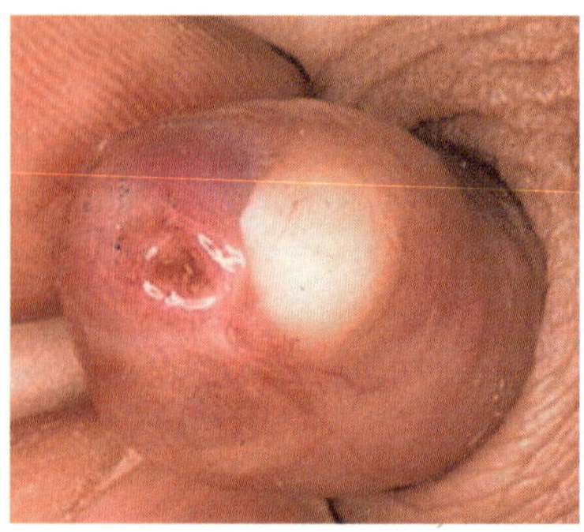

# 포 경

어린이의 자지 끝은 보통 포피로 덮여있습니다. 가볍게 포피를 뒤집어서 귀두가 보이게 되면 아무 문제도 없습니다.

귀두가 전혀 보이지 않는 것을 진성 포경이라고 합니다.

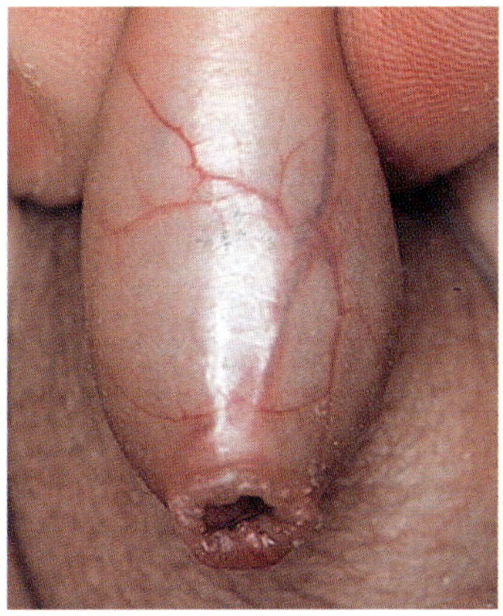
포피를 뒤로 뒤집어 당기면
귀두가 조금 보인다

## 치료가 필요한가?

젖먹이일 때에 진성포경이어도 나이가 들어감에 따라 아무런 시도를 하지 않아도 점점 귀두가 점점 보이게 됩니다.

무리해서 뒤집어 보지 않도록 하세요.

초등학교 고학년이 되어도 진성포경인 채로 있는 경우에는 의사와 상담해 주세요.

## 이런 때는 진찰을

진성포경으로 포피의 입구가 매우 좁아져 있어 바늘구멍(pin hole) 상태인 경우로

1. 소변의 굵기가 가늘다.
2. 소변이 이 쪽 저 쪽으로 흩날린다.
3. 소변을 볼 때, 귀두와 포피 사이에 소변이 고여서 풍선처럼 부풀어 오른다.
4. 귀두와 포피 사이에 언제나 소변이 고여 있어서 내의가 소변으로 젖어 있다.

이런 때는 의사와 상담을 해 주세요. 치료가 필요한 경우도 있습니다.

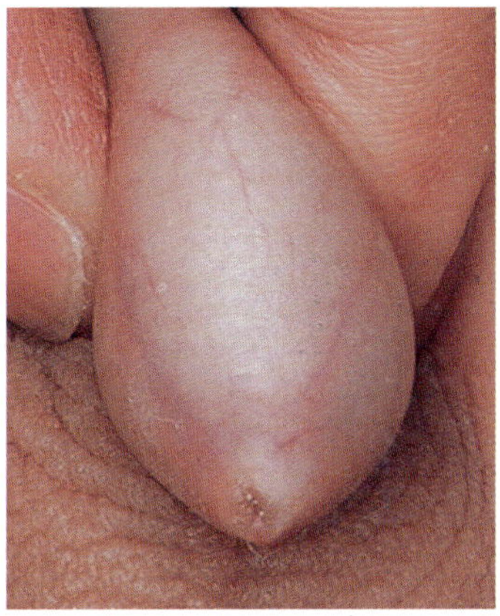
진성포경

## 곧바로 병원으로

포피를 무리하게 까뒤집어서 포피의 입구로부터 귀두가 밖으로 나와 본래의 상태로 되돌려지지 않게 되는 경우가 있습니다. 자지의 끝 쪽이 빨갛게 부어오르고 매우 아프게 됩니다. 감돈성 포경이라고 하며 응급치료를 해야 합니다. 의사에게 곧바로 연락해 주세요.

# 외음질염

여자아이의 기저귀나 팬티에 황색~연록색의 대하(냉)가 묻어있는 경우가 있습니다. 이것은 외음부로부터 질 안으로 세균이 들어가서 염증을 일으킨 것입니다.

## 치 료

① 씻는다 : 따뜻한 물로 씻어 주기만 해도 효과가 있습니다. 단, 씻는 방법을 신중히 생각해 주세요. 소독약을 처방하는 경우도 있습니다. 이 소독약으로 씻어준다든지 탈지면에 묻혀서 가볍게 누르듯이 소독을 해 줍니다.

② 바른다 : 항생제 연고를 바릅니다.

③ 먹는다 : 항생제를 먹입니다.

세수 대야에 두 다리를 벌리고 쭈그려 걸터앉아 철벅 철벅 잘 씻는다.

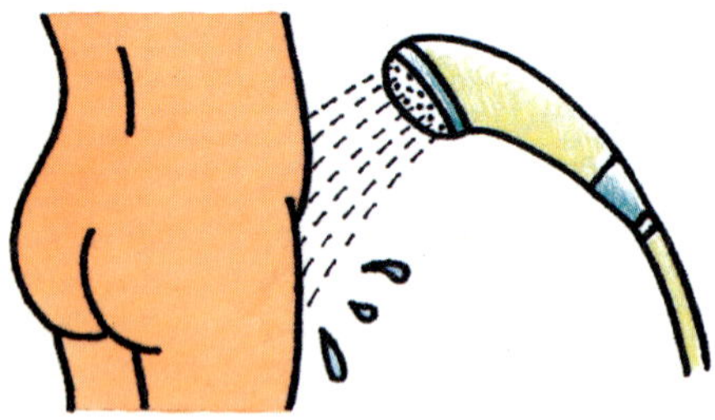

샤워만으로는 충분하지 않다.

## 가정에서 주의할 사항

몇 번이고 반복되는 경우가 있으므로 항상 잘 씻어서 외음부를 청결하게 유지하도록 해 주세요. 아기의 경우에는 음순이 닫혀져 있으므로 안쪽도 깨끗하게 씻어 주도록 하세요.

# 장중첩증

창자가 창자 속으로 깊이 들어가서 창자가 막혀버린 상태가 됩니다. 깊이 들어간 창자는 심하게 죄어져 압박을 받으므로 시간이 너무 많이 경과되면 그 부분을 절제해야 할 상태가 됩니다.

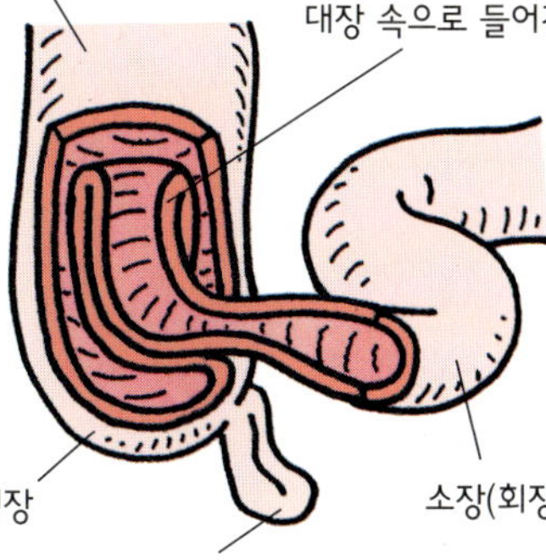


### 장중첩증의 증상

① 복통(운다 ⇄ 녹초가 된다)
② 토한다(파란 얼굴색)
③ 혈변

## 치 료

X-선으로 투시를 하면서 항문으로 공기나 조영제를 주입하여 창자 속에 압력을 가해 깊숙이 들어간 장을 서서히 밀어서 되돌려 줍니다. 아무리 노력을 해도 되돌려지지 않을 때는 수술을 하게 됩니다.

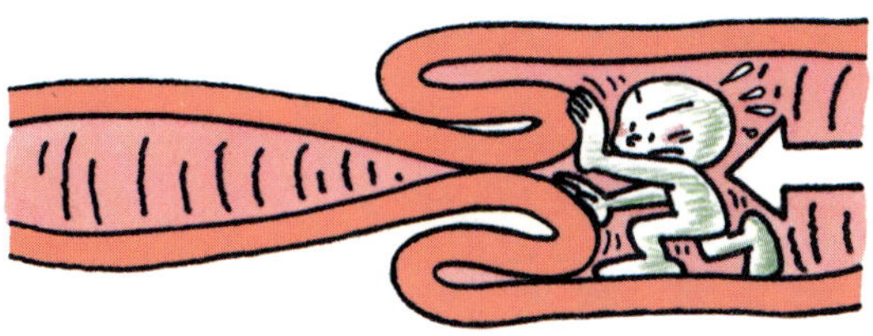

항문으로 공기나 조영제를 넣어
밀어서 되돌아가게 한다.

# 유문 협착증

위와 십이지장의 사이를 유문부(아래 그림의 ↓표)라고 합니다. 이곳에서 위의 내용물이 잘 통과하지 못하는 병입니다. 출생 후 2~3주일 경부터 토하기 시작하며 며칠 내에 분수처럼 세차게 토하게 됩니다. 토한 후에는 곧바로 젖을 먹으려고 하지만 영양 상태는 점점 더 나빠지고 체중이 불어나지 않습니다.

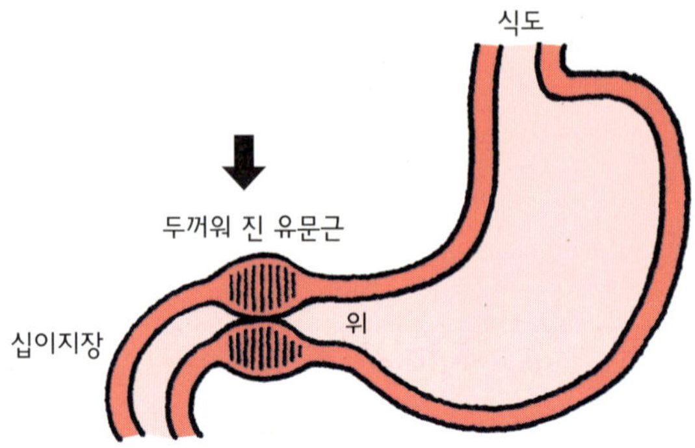


## 진 단

유문 협착증이 의심되면 입원하여 여러 가지 검사를 합니다.

## 치 료

진단이 확실해지면 수술 등의 치료가 필요합니다.

# 서혜탈장, 감돈성 탈장

## 서혜탈장

다리가 몸통에 붙어있는 부분을 서혜부라고 합니다. 이곳이 부풀어 오르는데 남자에서는 음낭이 부풀어 오르기도 합니다. 부풀어 오른 부위의 안에는 창자가 들어 있어서 세간에서 「탈장」이라고 합니다. 손으로 누르면 창자가 뱃속으로 되돌아 들어가지만 울거나 배에 힘을 주면 또 나옵니다.

### 치 료

외과 의사에게 다시 한 번 진찰을 받아 보고 가능한 한 빨리 수술을 받도록 하세요. 탈장대로는 치료가 되지 않습니다. 피부가 짓무르게 된다든지 압박에 의한 장해가 생길 수 있습니다. 사용하지 말아 주세요.

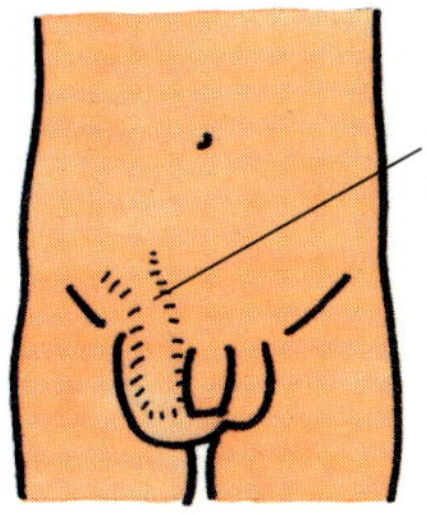


### 이런 때는 빨리 진찰을

① 계속 울고 기력이 없을 때
② 계속해서 자주 토할 때
③ 음낭이 빨갛게 부어오를 때

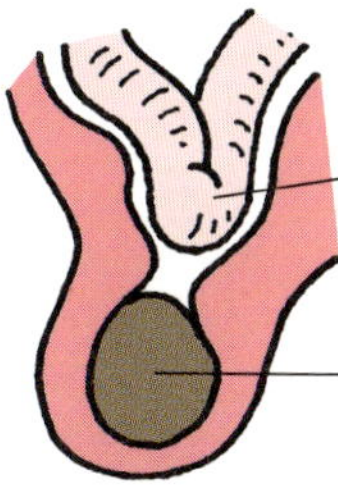


## 감돈성 탈장

부풀어 오른 것을 손으로 눌러도 창자가 뱃속으로 되돌아 들어가지 않을 때를 감돈성 탈장이라고 합니다. 토한다든지 아파합니다. 이 상태가 오래 계속되면 창자가 꽉 죄어지게 되어 장을 절제해야 할 상태가 초래되기 때문에 급히 수술을 해야 합니다. 이런 상태가 되기 전에 빨리 수술을 받도록 해 주어야 안심이 됩니다.

# 항문주위 농양

항문의 바로 옆에 생긴 빨간 종기로, 만지면 아파합니다. 노란색 고름이 나오는 경우도 있습니다.

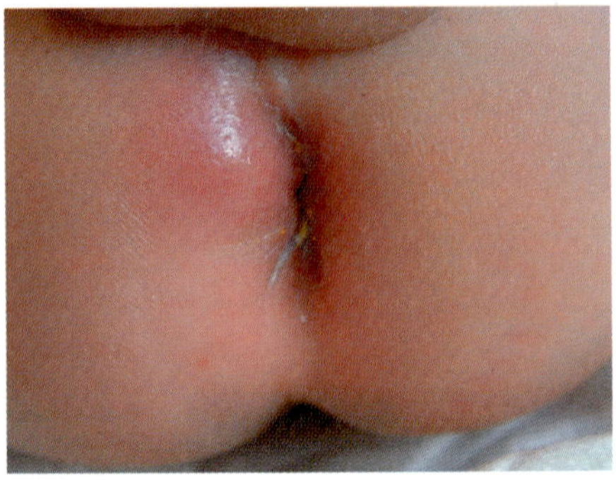

## 치 료

① 먹는다 : 항생제를 먹어 체내에서 세균을 죽인다.
② 바른다 : 항생제가 들어 있는 연고로 체외에서 세균을 죽인다.
③ 절개한다 : 고름이 형성되어 있으면 절개해서 배출시킨다.

## 가정에서 주의할 사항

더러워지기 쉬운 곳이므로 좀처럼 치유되지 않는 병입니다. 치유되어도 다시 재발하는 경우가 있습니다. 엉덩이를 매일 몇 번이고 자주 씻어서 항상 깨끗하게 해 주는 것이 중요합니다.

# 항문의 스킨 태그(Skin tag)

「수치질(외치핵)이 생겼다」고 하여 병원에 오지만 대부분 수치질이 아닙니다. 항문의 피부가 두두룩해진 것으로 스킨 태그라고 하는 것입니다. 단단한 대변이 나올 때에 이 부분의 항문이 쉽게 찢어져 한층 더 두두룩해지는 경우가 있습니다.

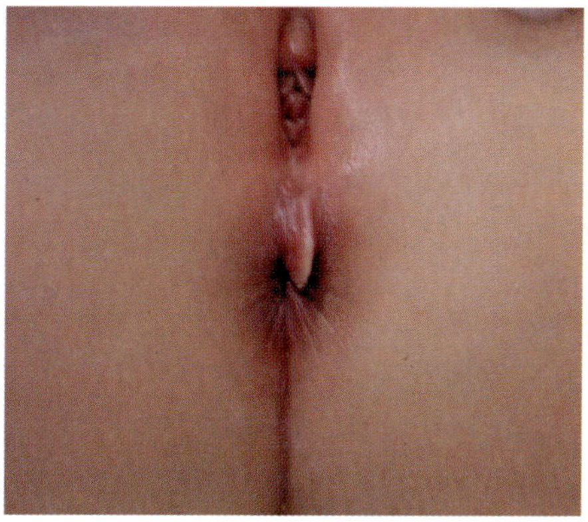

## 이런 증상이 함께 있습니다

① 여자 아이에 많다.
② 항문에 있는 가는 주름들의 일부가 크고 두터운 주름모양으로 두두룩해진다.
③ 12시 방향에 생기는 경우가 많다.
④ 지금까지 대변이 단단해서 항문이 찢어진 경우가 있었다.

12시 방향

## 전망

외과적인 수술 같은 것은 필요가 없습니다. 며칠간의 치료로 치유되는 것은 아니지만 반복해서 항문이 찢어지지만 않으면 점점 작아져 걱정하지 않게 됩니다.

## 가정에서 주의할 사항

❶ 우선, 변비가 생기지 않도록 해야 합니다.
❷ 대변이 단단할 때는 쉽게 나오도록 항문에 연고를 발라 주어도 좋습니다.
❸ 단단한 대변이 나온 후에는 미지근한 물로 좌욕을 해 주세요(온탕 좌욕).

# 누두흉

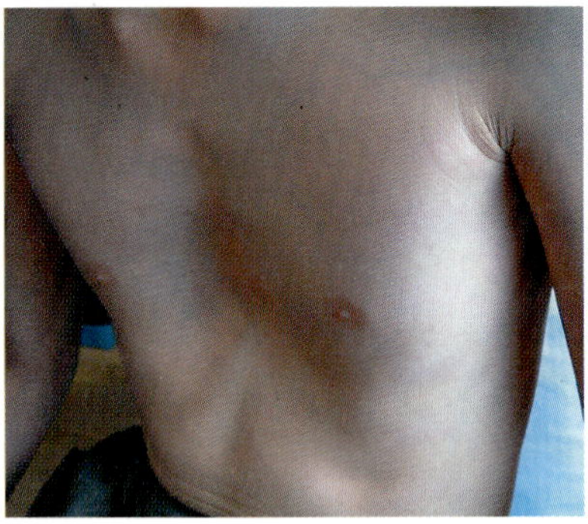

한 가운데가 우묵하게 들어가 있는 가슴을 누두흉이라고 합니다. 가슴의 뼈와 연골이 균형적으로 발육되지 않아서 우묵하게 들어간 것입니다.

## 심장과 폐에 부담?

가슴이 우묵하게 들어가 심장이 옆으로 상당히 밀려 있어도 심장과 폐의 기능에는 거의 영향을 끼치지 않습니다.

## 가정에서 주의할 사항

운동을 제한할 필요는 없습니다. 가슴이 우묵하게 들어가 있기 때문에 열등감을 느끼지 않도록 무엇이든지 다른 아이들과 똑같이 하도록 해 주세요. 무의식적으로 가슴을 감추고 싶어 하는 기분 때문인지는 몰라도「새우등」이 되는 아이가 많은 것 같습니다. 가슴을 펴는 자세를 취하도록 해 주세요.

## 치 료

가슴이 우묵하게 들어간 것은 성장함에 따라서 회복되어가는 경우도 있습니다. 그러나 아이가 콤플렉스를 느끼는 것 같으면 수술에 대해 상담을 해 보세요.

수술 상담은 초등학교 입학 전부터 시작합니다. 실제로 수술은 좀 더 후에 하게 될지도 모릅니다.

누두흉에 대한 수술방법에는 가슴 뼈(늑골)의 뒤 쪽에 금속판을 대어 밀어 올려주는 방법도 있습니다.

# O자형 다리, X자형 다리

### O자형 다리

발목을 가지런히 모으고 서있을 때, 양 무릎이 바깥쪽으로 불룩해져 양 무릎 사이가 벌어져 버리는 것이 O자형 다리입니다.

### X자형 다리

발목을 가지런히 모으고 서있을 때, 양 무릎이 안쪽으로 붙게 되고 발목의 사이가 벌어지는 것이 X자형 다리입니다.

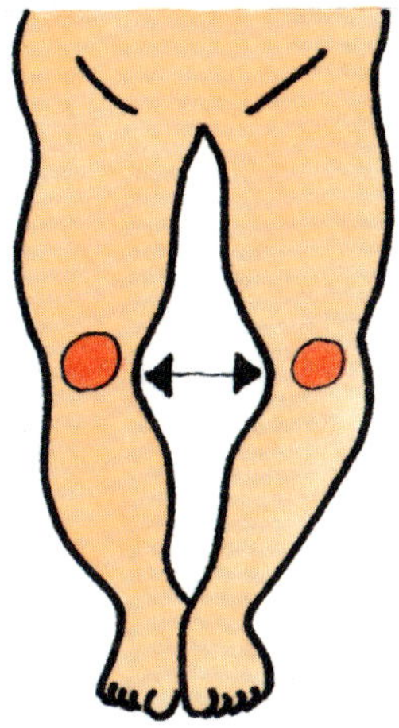

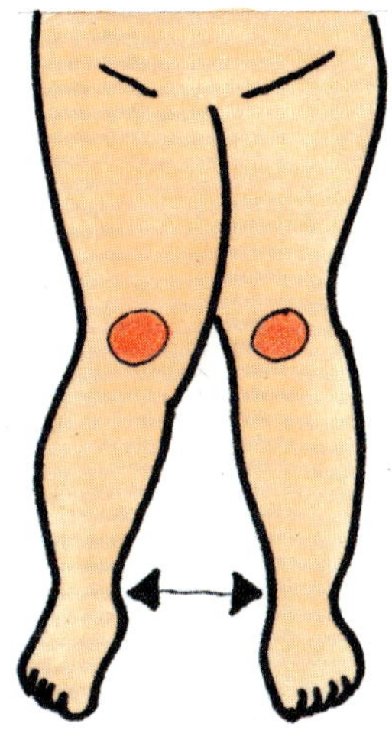

## 나이에 따라 다리의 형태는 변합니다

아기의 다리 형태는 벌어져 있는 것이 보통으로 만 2세쯤까지는 O자형 다리입니다.(생리적 O자형 다리).

3세쯤부터는 X자형 다리의 형태가 되고(생리적 X자형 다리), 다시 쭉 곧은 다리가 되는 시기는 6~7세쯤입니다. 어렸을 때, O자형 다리처럼 보여도 대부분 성장함에 따라 좋아지게 됩니다. 걱정이 될 때는 의사에게 상담을 해 주세요.

## 이런 경우에는 정형외과 의사에게 소개합니다.

① O자형 다리라면 발목을 가지런히 모으고 서있을 때, 양 무릎 사이로 어른의 손가락이 3개(약 5㎝) 이상이 들어갈 때.

② X자형 다리라면, 무릎을 가지런히 붙이고 서있을 때, 양 발목 사이로 어른의 손가락이 4개(약 7㎝) 이상이 들어갈 때.

③ 한 쪽 다리만 구부러져 있을 때.

# 주내장(팔꿈치 관절 탈구)

팔꿈치의 관절을 이루는 두 뼈가 서로 어긋난 것입니다. 손을 세게 잡아당기고 나면 팔이 힘없이 아래로 늘어 뜨려져 있는 상태가 되어 움직일 수가 없게 됩니다.

아픈 것처럼 우는 경우도 있지만 예상외로 천연덕스럽게 있는 경우도 있습니다.

1~4세의 아이에서 볼 수 있으며 팔을 힘없이 늘어진 것처럼 하고 있다. 장난감을 보여줘도 한 쪽 팔은 올리지 않는다.

## 치 료

팔꿈치와 손목을 잡고 정복하면 곧바로 손을 움직일 수 있게 됩니다. 치료가 되고 난 후에 팔꿈치를 고정해 줄 필요는 없습니다.

통증이 계속된다든지 팔의 움직이는 형태가 자연스럽지 않을 때에는 자세하게 조사를 합니다.

## 가정에서 주의할 사항

- 팔꿈치 관절 탈구가 발생됐던 아이에서는 다시 탈구가 발생되기 쉬우므로 손을 잡아당기지 않도록 주의해야 합니다.
- 팔꿈치 관절 탈구가 발생됐다고 생각되면 가능한 한 빨리 정형외과 진찰을 받도록 하세요.
- 4살 이상이 되면 팔꿈치 관절 탈구가 잘 발생하지 않게 됩니다.

# 열중증

더운 날 밀폐된 차 속에 잠재워 둔 아기가 사망한다든지 몹시 더운 날씨에 초등학교 학생 들이 축구를 하는 도중에 연이어 쓰러지는 등, 지금까지 「일사병」, 「열사병」이라고 했던 것을 통합하여 「열중증」이라고 합니다.

## 증상과 치료

| 증상 | 치료 |
| --- | --- |
| 현기증이 나고 안색이 나빠지며 머리가 아프고 배가 아프며 토하고 발 같은 부위에 쥐가 나며 온몸이 나른해 진다. | 서늘한 곳으로 옮겨 바람을 쐬게 하며 이온 음료를 마시게 한다. 그래도 회복되지 않으면 병원으로. |
| 몸이 휘청거린다. 의식이 몽롱해진다. | 위험신호 병원으로 데리고 간다. |
| 쓰러져서 의식이 없다. 경련을 일으킨다. | 생명에 위험이 임박해 있다. 구급차를 부른다. |

## 예방이 가장 중요

① 모자를 쓰고 바람이 잘 통하는 시원한 복장을.
② 몹시 더운 날에는 격렬한 운동을 피한다.
③ 땀으로 소실된 염분과 수분을 보충한다.
④ 수면부족 등으로 몸 상태가 나쁘면 운동을 피한다.
⑤ 차 안에 아기를 혼자 있게 하지 않도록!
⑥ 유모차는 지면으로부터의 반사 때문에 덥다!

# 만성질환, 재발하는 질환

# 천식성 기관지염

감기에 걸렸을 때, 오랫동안 쌔엑 쌔엑 거리며 끙끙 거리는 아기가 있습니다. 그래도 열은 없고 식사도 잘 하며 잠들기가 어려운 것 같지도 않고 잘 놀며 생긋 생긋 웃기도 합니다. 이런 상태를 천식성 기관지염이라고 하지만 「천식」은 아니고 열이 나는 「기관지염」도 아닙니다. 가래가 적어지지 않는 것뿐이라고 생각하세요.

## 치 료

기침이 심해서 고통스러울 때나 깊게 잠들지 못할 때, 그리고 토할 때에는 약을 처방합니다. 가볍게 쌔엑 쌔엑할 경우에는 약이 필요하지 않습니다.

## 가정에서 주의할 사항

1. 의 복 : 두꺼운 옷을 입히면 오히려 나쁜 결과를 보일 수 있습니다.
2. 밖에서의 놀이 : 약간만 추워도 밖에서 놀지 않도록 하세요.
3. 음 식 물 : 평상시처럼 무엇이든 먹여도 됩니다.
4. 목 욕 : 해도 됩니다.
5. 유 치 원 : 가도 됩니다.

## 이런 때는 한 번 더 진찰을

① 열이 날 때.
② 숨쉬기가 괴로운 것처럼 보일 때.
③ 밤에 기침 때문에 깨어날 때.
④ 기침 때문에 토할 때.

# 경련 (열성 경련)

갑자기 열이 높아질 때에 발생합니다.

한 번 경련이 발생되면 50% 정도에서는 또 경련이 발생되기 때문에 한 번 경련이 발생되면 다음에 또 발생된다는 것을 알고 있으세요.

## 경련이 발생된 때에는 어떻게 할까?

❶ 당황하지 마세요, 허둥대지 마세요.

경련은 수 분 내에 정지합니다. 생명이 위험한 경우는 거의 없습니다.

❷ 아무 것도 하지 마세요.

입 속에 손가락이나 젓가락을 넣지 마세요(혀를 깨무는 경우는 없습니다). 큰 소리로 불러 본다든지 몸을 흔들어 본다든지 혹은 몸을 꽉 붙잡고 누르지 마세요.

❸ 편안한 자세로

몸을 옆으로 눕히고 단추를 푼다든지 하여 옷을 느슨하게 해 주고 핀 같은 위험한 것은 옷에서 때어 내 주세요.

❹ 토하면 위험합니다.

토할 것 같은 몸짓을 하면 몸 전체를 옆으로 누여서 토한 음식물로 목이 막히지 않도록 해 주세요.

❺ 지그시 지켜봅니다.

시계를 보고 몇 분간 경련이 계속되는지 확인을 합니다. 경련을 하는 모양을 잘 보고, 다음에 의사에게 자세하게 전해 주세요.

## 전화해 주세요

경련이 멎으면 의사에게 전화를 해 주세요. 의사가 상황을 듣고 나서

- 구급차로 와주세요.
- 당황하지 말고 와주세요.
- 잠시 상태를 보고 있어도 되겠습니다.

등의 지시를 합니다.

경련이 10분 이상 계속되는 것 같으면 경련을 하고 있는 도중이라도 전화를 해 주세요. 병원에서는 단순한 경련인지, 무언가 위중한 병이 함께 있지 않은지를 판단합니다.

# 경련 (열성 경련)의 재발 예방

## 예방이 필요한 경우는?

- 경련이 한번만 발생했다면 통상적으로는 예방을 할 필요가 없습니다.
- 경련이 2번 발생했다면 그 다음부터는 예방을 하기 위해서 약을 사용할 것인지, 사용하지 않을 것인지를 의사와 잘 상담해야 합니다. 경련의 모양과 여러 가지 사항들을 참고하여 판단합니다.

## 예방 방법

❶ 약 : 디아제팜이라는 항경련제의 좌약과 먹는 약을 처방받아서 항상 준비해 둡니다(상비약).

❷ 언 제? : 37.5~38℃를 넘는 열이 나기 시작할 때, 가능한 한 빨리 사용합니다.
사용하고 나서 8시간 후에도 열이 계속되면 한 번 더 사용합니다.
(그 다음에는 열이 계속 있어도 사용할 필요가 없습니다)

❸ 몇 년간? : 마지막 경련이 있었을 때부터 대충 2년간 또는 4~6세경까지는 열이 날 때 사용하세요.

❹ 주 의 점 : 졸거나 휘청거리는 경우가 있습니다. 쓰러져서 머리를 부딪치지 않도록 지켜 봐 주세요.
해열제를 함께 쓰려고 할 때에는 먼저 경련을 멈추게 하는 좌약을 투입하고 30분이 지난 후에 사용해 주세요.
해열제는 빨리 사용한다든지 자주 사용한다고 해도 경련을 예방할 수가 없습니다.

## 열성 경련과 예방접종

열성 경련이 발생됐든 아이에서도 2~3개월 후에는 예방접종을 받을 수 있습니다.
의사에게 상담을 해 주세요.

# 분노 경련

성난 것처럼 매우 심하게 울어대고 갑자기 숨쉬기를 멈추고 손과 발이 뻣뻣해지고 몸이 활처럼 뒤로 젖혀집니다. 숨을 쉬지 않기 때문에 얼굴이 순식간에 검붉은 색이 되지만 1분 이내에 호흡이 되돌아오고 얼굴색도 좋아 집니다.

## 원인은?

어린이의 뇌는 완전히 발달되어 있지 않은 상태여서 심하게 성을 내거나 짜증을 낼 때에 일시적으로 심하게 열이 오를 수가 있습니다. 뇌의 질병은 아닙니다. 후유증도 남지 않습니다. 5세경부터는 발생하지 않습니다.

## 가정에서 주의할 사항

❶ 또 성을 내면 : 호흡이 정지되어도 생명이 위험하게 되는 경우는 없습니다. 아무 것도 해주지 않고 그대로 두어도 반드시 회복됩니다.

❷ 예방이 되는가? : 성을 내거나 짜증을 내지 않게 하려고 꾸짖지 않는다든지 갖고 싶어 하는 것을 주는 등, 제 멋대로 하도록 내버려 두는 것은 바람직하지 않습니다.

## 이런 때는 진찰을

생후 6개월 이내의 아기에게서 발생된 때와 경련이 1분 이상 지속되는 경우에는 뇌파 검사 등이 필요한 경우도 있으므로 의사에게 상담해 주세요.

* 분노 경련 중에는 거의 울지 않고 갑자기 안색이 하얗게 되고 의식이 없어지는 경우가 있습니다. 이런 경우는 머리를 맞거나 깜작 놀랬을 때 등이 동기가 되어 발생합니다.

# 간 질

간질은 여러 가지 원인에 의해 발생하며 유전되는 것은 아닙니다. 여러 종류의 발작이 있으며, 발작의 종류에 따라 처방되는 약을 규칙적으로 제대로 복용하면 발작을 방지할 수가 있고 평소와 같이 일상생활도 할 수가 있습니다. 대체로 언젠가는 약 먹는 것을 중지해도 좋을 때가 오게 됩니다. 지금부터 긴 여행을 시작합니다만 희망을 갖고 노력합시다.

## 약을 지시한대로 복용한다

치료의 기본이 되는 가장 중요한 것은 약을 지시한대로 규칙적으로 계속해서 복용하는 것입니다. 하루도 빠지면 안 됩니다. 상태가 좋아졌다고 스스로 생각하여 복용을 중지하면 발작이 일어나는 경우가 흔히 있습니다.

약을 먹기 시작한 후에 잠깐 동안 졸음이 온다든지 발진이 나타나는 경우도 있습니다. 그런 때에는 의사에게 상담을 해 주세요. 병의 상태에 맞는 약의 종류와 량이 정해질 때까지는 여러 가지 문제들이 생깁니다. 놀래서 스스로 결정하여 약 먹는 것을 중지하지 말고 곧바로 의사에게 알려 지시를 받도록 하세요.

## 정기적으로 진찰과 검사를 받는다

치료의 기본 중 두 번째로 중요한 것은 정기적으로 진찰을 받고 검사를 하는 것입니다.

매년 1~2회의 검사를 하는데, 해마다 검사를 하는 것이 힘들다는 핑계로 중도에 포기하지 않도록 하세요.

## 단골의사, 전문의, 가족

검사와 약의 조정은 전문의가 책임을 집니다. 발작의 치료나 감기 등의 치료는 단골의사가 책임을 집니다. 두 사람의 의사와 가족이 서로 협력하면서 치료를 계속해 나가세요.

## 일상생활

발작이 없을 때의 일상생활과 학교생활은 특별히 제한할 것이 없습니다. 규칙적으로 수면, 식사 및 배변을 할 수 있도록 주의하고 활기찬 생활을 하는 것이 발작의 발생을 억제한다고 합니다. 수영이나 마라톤 등의 학교 행사에 참가하는 것이 좋을지에 대해서는 전문의의 구체적인 지시를 받도록 하세요.

# 티크증

눈을 깜박거린다, 헛기침을 한다, 머리를 흔든다, 고개를 끄덕거린다, 이마에 주름살이 생기게 한다, 얼굴을 찡그린다, 입을 비쭉거린다, 코를 흥흥거린다, 침을 자꾸 삼킨다, 어깨나 손발을 갑자기 움찔 움찔하고 움직인다, 무의식중에 소리를 낸다 등등 여러 가지 형태의 티크증이 있습니다.

자기가 일부러 하는 것이 아닙니다. 초등학교 저학년까지의 어린이에서 볼 수 있는 불안이나 괴로움, 긴장 등이 동기가 되어 초래됩니다.

## 치 료

대부분이 일시적인 「버릇」같은 것이므로 걱정할 필요는 없습니다. 티크증의 원인이라고 생각되는 것이 있으면 그 것을 고치도록 해 봅시다. 「또 그러느냐」라고 주의를 준다든지 「하지 마세요!」라고 꾸짖는 것은 아무 의미가 없습니다. 오히려 어린이가 더욱 긴장을 하게 되어 치유가 어렵게 됩니다. 부모는 초조해 하지 말고 무시해 버리도록 하세요.

## 이런 때는 한 번 더 진찰을

① 오래 갈 때
② 증상이 심해졌을 때
③ 학교생활에 영향이 있을 때

# 손가락 빨기

## 아기에게 있어서는 자연적인 것입니다

대부분의 아기들은 생후 2~3개월이 되면 스스로 손을 입으로 가져가 손가락을 빨게됩니다. 특히 졸음이 올 때와 배가 고플 때에 흔히 볼 수가 있습니다.

## 3살 때까지는 걱정할 필요가 없습니다

손가락 빨기는 3세쯤까지는 신경을 쓰지 마세요.

여러 가지 것에 흥미를 갖게 되면 손가락 빠는 것을 잊어버리게 됩니다. 좀 불안한 때나 외로울 때, 또한 밤에 잠들 때에 손가락 빨기를 하는 경우가 있는데 무리해서 빨지 못하도록 한다든지 꾸짖지 않도록 하세요.

## 4살이 되면 슬슬 못하도록 해 주세요

이때가 되면 치열과 교합에 영향을 주게 됩니다.

유아원과 유치원에서 친구들과 잘 놀지 못한다든지 집에서 꾸지람을 듣는 일이 많은 경우 등이 손가락 빨기의 원인일지도 모릅니다. 깊은 애정과 접촉을 통해 걱정되는 일이나 불안을 해소시켜 주는 것이 중요합니다.

# 야뇨증

## 초조해 하지 않는다. 화내지 않는다. 깨우지 않는다.

- 초조해 하지 않는다.

잠을 자는 중에 오줌을 싸는 것은 당신의 아이뿐만이 아닙니다. 5살 때는 7~8명 중 1명, 10살에서도 20~30명 중 1명은 잠을 자는 동안에 오줌을 쌉니다.

나이가 들어감에 따라서 자연스럽게 치유됨으로 초조해 하지 말고 기다리세요.

- 화내지 않는다.

자면서 오줌을 싸는 아이는 마음속으로 「싸버렸네」라는 생각을 하게 됩니다. 그럴 때에 아이에게 화를 내면 아이는 더욱 심하게 불안해 할 뿐입니다. 가족 모두가 자기를 따뜻하게 지켜 봐 주고 있다는 안도감을 갖게 하는 것이 중요합니다.

- 깨우지 않는다.

밤중에 깨워서 오줌을 싸게 하는 것은 그다지 좋은 방법이 아닙니다. 자는 중에 오줌 싸는 것을 억제하는 호르몬의 혈중 농도가 증가되지 않아 방광에 모아둘 수 있는 오줌의 량이 늘어나지 않게 될 뿐만 아니라 수면 부족 상태도  초래됩니다.

## 야뇨증의 관찰

자는 중에 오줌을 몇 시경에 쌌는지, 양이 많은지 적은지 등을 매일 메모해 두어 의사에게 알려 주세요. 어린이의 야뇨증이 어떤 타이프인지, 좋아질 것인지 등을 판단하는 데에 도움이 됩니다.

야뇨증의 타이프는 여러 가지가 있기 때문에 치료 방법도 여러 가지가 있습니다. 감언이설에 현혹되지 말고 의사의 충고를 받아 가면서 끈기 있게 치료해 나가세요.

# 심인성 빈뇨

## 방광염은 아니고 마음의 문제?

- 지금 갈까? 라고 생각만 하면 곧바로 또 변소로 뛰어 들어갑니다.
- 열도 없고 소변을 볼 때에 아파하는 모습도 아닙니다.
- 많은 량의 오줌이 나오는 것도 아닙니다.
- 소변검사에서도 이상소견이 발견되지 않습니다.

이럴 때는 신장이나 방광의 질병이 아니며, 긴장하고 있는 어린이의 마음을 나타내는 것일지도 모릅니다.

## 뭔지, 동기가 되는 일은 없습니까?

- 유치원의 유희 발표회 날이 다가 온다
- 책임질 일을 맡았다.
- 피아노 등의 발표회가 다가온다.
- 어린이의 주위 환경이 변했다.
- 어린이를 심하게 꾸짖었다.

## 「또 가는 거냐?」는 역효과

대수롭지 않은 동기에 의해 소변이 곧 마렵게 되며, 주위에 있는 사람들이 너무 걱정이 되어 주의를 주면 더욱 더 긴장이 고조되어 더 자주 오줌이 마려워 집니다. 우선 아이의 주위환경을 점검하여 스트레스가 되고 있는 것이 없는지를 어린이의 입장에서 생각해 보세요. 발견되면 어린이에게 힘이 되도록 격려해 주세요.

여러 번 소변을 보러 가는 것을 알면서도 모르는 척 해 주세요. 그러는 중에 서서히 고쳐집니다.

# 어린이의 변비

어떤 질병에 의해 변비가 생기는 경우도 있지만 진찰을 받아서 그런 질병 때문이 아니라는 것을 알게 되면 다음과 같이 변비를 고쳐 보세요.

## 대변을 보는 것은 습관

매일 정해진 시간에 대변을 보는 습관을 갖게 하는 것이 중요합니다. 아침식사든지 저녁 식사 후로 시간을 정하고 나서는 변이 나올 것 같은 느낌이 없어도 화장실에 가도록 해 주세요.

단, 꾸지람을 한다든지 억지로 시키는 것은 오히려 나쁜 결과를 초래할 수 있습니다. 화장실에 가는 것을 싫어 할 때에는 다시 한 번 의사에게 상담을 해 주세요.

## 식사로 고친다

식이섬유 성분이 많은 음식물을 먹도록 하세요. 이런 음식물을 재료로 하면 어떤 조리방법으로 음식을 만들어도 괜찮습니다.

변비에 효과가 있는 식이섬유성 식품

1) 감자 종류 : 고구마, 감자, 곤약
2) 야채 종류 : 배추, 양배추, 피망, 가지, 미나리, 콩나물. 오이, 우엉, 홍당무, 무
3) 콩 종류 : 대두, 소두, 콩비지, 청국장
4) 곡물 종류 : 보리밥, 콘플레이크, 팝콘, 오트밀, 밀빵
5) 과일 종류 : 건포도, 사과, 배, 복숭아, 살구, 무화과, 감귤, 오렌지, 건조 자두, 파인에플, 멜론
6) 버섯 종류 : 표고버섯, 송이버섯, 팽이버섯
7) 해조 종류 : 미역, 다시마, 김, 한천, 녹미채

## 약을 사용한다

식사로도 좋아지지 않을 때는 약을 사용하는 경우도 있습니다. 의사의 지시에 따라 끈기 있게 고쳐보도록 하세요.

# 성장통

아이들은 자주 무릎이나 발이 아프다고 합니다. 통증의 형태는 다양합니다만 밤이 되면 다리가 아프다고 하는 경우가 많은 것 같습니다. 의사의 진찰을 받아도 특별한 병은 아니라고 판단되는 경우는 소위 「성장통」이라고 합니다. 성장통이라는 이름은 성장기의 통증이라는 이유 때문에 붙여진 것 같지만 뼈의 성장과는 관계가 없습니다.

## 통증의 원인

커가는 어린이는 근육과 뼈, 그리고 관절도 미완성으로 약한 상태인데 반해 활발하게 활동을 합니다. 움직이는 것이 심하면 피로가 쌓여서 통증의 원인이 되는 것 같습니다.

## 치 료

따뜻하게 해준다든지 찜질을 해주거나 따뜻한 물이 담긴 욕조에서 마사지를 해 주는 것도 좋을 것입니다.

상당히 아플 때에는 약을 사용하는 경우도 있으나 사용 방법은 의사의 지시에 따르세요.

### 통증이 반복될 때에는

몇 번이고 의사에게 상담을 해 주세요. 계속해서 진찰을 받는 중에 숨겨진 병이 발견되는 경우도 있기 때문입니다. 혈액검사와 X-선 검사가 필요한 경우도 있습니다.

# 기립성 조절장애

초등학교 고학년부터 고등학교 학생이 될 때까지 발생되는 병입니다. 심장, 혈관, 창자 등의 작용을 조절하는 자율신경의 균형이 흐트러짐에 의해 여러 가지 증상이 발생됩니다.

## 어째서 일어설 때에 현기증이 발생하는가?

자율신경은 일어설 때에 혈관을 수축시켜 혈액이 하반신에 모이지 않도록 조절을 해 줍니다. 자율신경의 기능에 문제가 생기면 혈액이 하반신에 모이게 되어 뇌가 빈혈 상태가 되기 때문에 일어서면 일시적으로 현기증과 맥박 수의 증가가 초래됩니다.

## 가정에서 주의할 사항

규칙적인 생활을 하도록 합니다. 밤에 늦게 잠자리에 든다든지 아침식사를 거르지 않게 하는 것입니다. 아침에 눈을 뜨면 창문을 열고 아침 해를 쬐도록 하세요.

## 치 료

증상이 심할 때는 약을 먹어야 하는 경우도 있습니다.

## 장 래

성장과 함께 점차 좋아짐으로 걱정할 필요는 없습니다.

## 이런 때는 한 번 더 진찰을

증상이 오래가는 질병이지만 약을 먹는데도 좀처럼 좋아지지 않는 경우에는 의사의 지시에 따르고 정기적으로 통원을 해 주세요.

# 어린이와 초등학교 학생의 비만

## 살이 어느 정도 쪘습니까?

비만도는 $\frac{(체중 - 표준체중)}{표준체중} \times 100(\%)$의

식으로 계산을 합니다.

☆ 비만도 20% 이상 : 최소한 이 이상이 되지 않도록 식사와 운동에 주의를 하세요.

☆ 비만도 30% 이상 : 의사와 함께 치료를 시작하세요.

## 비만 상태로 어른이 되면

성인병(생활 습관병; 당뇨병, 심근경색 등)이 초래되기 쉽습니다.

### 식사 요법

❶ 가족 전원이 한식 중심의 식사로 바꾸세요.

❷ 간식을 없애고 텔레비전을 보면서는 식사를 하지 않도록 하세요.

❸ 칼로리는 적고 량은 많은 식품을 선택하세요.

**◎ 먹이도록 하세요 ◎**

야채, 과일, 해조류, 곤약, 우무, 버섯

**× 먹지 않도록 하세요 ×**

볶음밥, 고기와 새우 등을 넣고 버터에 볶은 밥(filaf), 튀긴국수, 스낵류 과자, 초코레트

### 운동 요법

갑자기 격렬한 운동을 오래 동안 계속하지 않도록 하세요. 우선은 집안일을 돕는 청소 등, 주위에 있는 일들을 매일 계속하게 하도록 하세요.

# 어린이의 비만도 판정 곡선

| 구분 | 호칭 |
|---|---|
| ①+30% 이상 | 비만 |
| ②+20%이상,+30%미만 | 경도 비만 |
| ③+15%이상,+20%미만 | 비만 경향 |
| ④+15%이상,−15%미만 | 보통 |
| ⑤−15%이하,−20%미만 | 여윔 |
| ⑥−20%이하 | 너무 여윔 |

남자

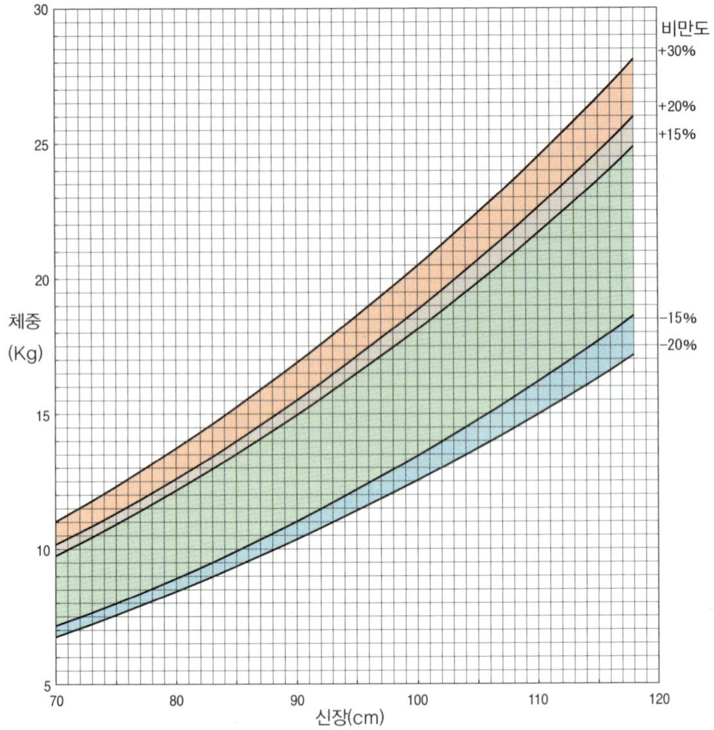


여자

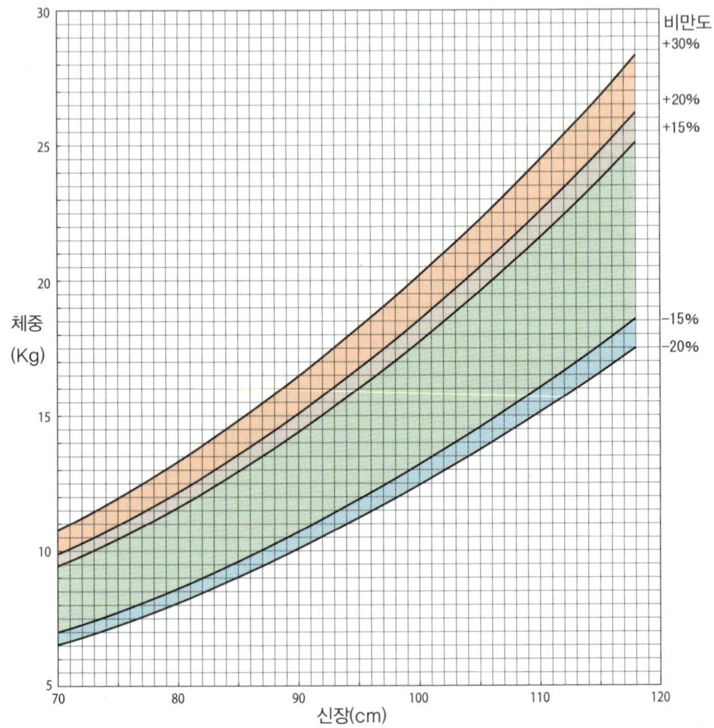

# 영유아기의 철 결핍성 빈혈

몸 안의 철분은 피(적혈구)를 만들 때 필요한 중요한 재료입니다. 철분의 보유량이 적으면 피를 많이 만들어 낼 수 없게 되어 빈혈(피가 묽다)이 됩니다.

영유아기는 태아 때에 엄마로부터 받아 보유하게 된 철분의 량이 적어지게 될 때입니다. 또한, 체중이 빠르게 증가해 가므로 쉽게 철분이 부족하게 됩니다.

철분 부족에 의한 빈혈이 계속되면 심신의 발달에 영향을 끼치게 됩니다.

## 빈혈을 치료하려면

① 혈액검사로 철분 부족에 의한 빈혈이 밝혀지면 철분제제(시럽)를 3개월 정도 먹이세요.
② 철분제제는 맛이 별로 좋지 않으므로 여러 가지 방법을 이용하여 먹이도록 하세요.
③ 정기적으로 혈액검사를 해서 체내의 철분 보유량이 충분해진 것이 확인되면 철분제제의 복용을 중지하세요.

* 철분제제를 먹으면 대변이 새까맣게 되거나 치아가 검게 되는 경우가 있지만 치료가 끝나면 다시 좋아 집니다.

## 빈혈을 예방하려면

치료가 끝난 후에도 철분이 많이 들어있는 식품을 먹이도록 명심하여 다시 빈혈이 초래되지 않도록 하세요.

☆ 철분이 많이 들어 있는 식품 ☆

동물의 간, 육류, 달걀의 노른자, 생선, 고구마, 빵, 완두, 건포도, 시금치, 말린 과일 종류, 대두 등

## 우유를 너무 많이 먹으면 빈혈이

1살까지는 우유를 너무 많이 먹이지 않도록 하세요

1살이 지나서도 많은 량(1일 600㎖ 이상)을 계속 먹으면 빈혈이 발생되는 경우가 있습니다.

# 사춘기의 철 결핍성 빈혈

몸 안의 철분은 피(적혈구)를 만들어 낼 때에 필요한 재료입니다.

철분의 보유량이 적으면 피를 많이 만들어 낼 수가 없게 되어 빈혈(피가 묽다)이 초래됩니다.

사춘기에는 몸이 빠르게 성장하므로 철분이 필요하게 됩니다. 특히, 여성에서는 월경 때문에 철분의 량이 적어져 빈혈이 흔하게 초래됩니다. 불규칙적인 식사와 다이어트, 과격한 운동 등도 빈혈의 원인이 됩니다.

빈혈이 있으면 안색이 나빠지고 쉽게 피로해 지며 심장 박동이 빨라지고 숨을 헐떡이며 초조해 하는 등, 여러 가지 증상이 나타납니다.

## 빈혈을 치료하려면

① 혈액검사로 철분의 부족에 의한 빈혈이 확인되면 철분제제를 3개월 정도 먹이세요.

② 철분이 많이 들어있는 식품만으로는 치료되기가 어렵습니다. 약을 제대로 계속해서 먹게 하세요.

③ 비타민 C를 많이 함유한 야채는 철분이 잘 흡수되게 합니다.

④ 정기적으로 혈액검사를 하여 체내의 철분 보유량이 충분해진 것이 확인되면 철분제제의 복용을 중지하세요.

* 철분제제를 먹으면 대변이 새까맣게 되는 경우가 있지만 걱정할 필요는 없습니다.

## 음식물과 식생활에 주의하세요

치료가 끝난 후에도 철분이 많이 들어있는 식품을 먹이도록 명심하여 다시 빈혈이 초래되지 않도록 하세요.

☆ 철분이 많이 들어 있는 식품 ☆

동물의 간, 육류, 달걀의 노른자, 생선, 조개 종류, 빵, 된장, 대두, 두부, 시금치, 감자(껍질을 벗기지 않은), 김 등

스낵 종류의 과자를 너무 많이 먹거나 탄산음료, 주스 등을 너무 많이 마시는 것은 중지하도록 하세요. 아침식사를 거른다든지 편식, 고르지 않은 식사 등의 습관을 고치도록 하세요.

# PART 5

# 알레르기성 질환

기관지 천식

# 천식 환아의 엄마에게

## 발작을 빨리 발견하자

천식 발작이 가볍게 발생되기 시작하는 것을 알아차리고 빨리 치료를 시작하면 빨리 좋아 집니다. 익숙해 지지 않은 때에는 어떤 상태가 천식인지 잘 알지 못하니까 병원에 갈 때마다 의사에게 배워서 발작을 빨리 발견할 수 있게 하세요.

어머니는「주치의」입니다.
소아청소년과 의사가 도와줍니다.

## 강한 인내심으로

천식이란 장시간 함께하는 병입니다. 발작이 계속되어도 포기하지 말고, 발작이 한참 동안 발생하지 않아도 방심하지 않아야 하며 끈기 있게 치료해 나가도록 하세요.

## 천식이 발생되지 않는 몸을 만들자

천식 발작을 중지시키는 약도 물론 중요하지만 발작이 없을 때에 발작을 예방한다든지 몸을 단련시키는 것은 더욱 중요합니다. 지시받은 데로 정기적으로 진찰을 받고 의사의 지도에 따르도록 하세요.

몸을 단련시키도록

## 천식은 치유가 되는가?

의사의 지시 하에 적절한 치료를 끈기 있게 계속해 나가면 소아 천식의 대부분은 늦어도 중학교에 입학할 즈음까지는 치유됩니다. 그러나 발작이 일어났을 때만의 치료로 끝내버리면 언제까지고 치유되지 않습니다. 또한, 엄마가 자신만의 판단으로 약 먹이는 것을 중지한다든지 여러 가지 약들을 무턱대고(함부로) 먹이면 치유가 되지 않을 뿐만 아니라 부작용이 발생되는 경우도 있습니다.

무엇이든 의사에게 상담을 하면서 희망을 갖고 꾸준히 참고 계속 노력을 하세요.

기관지 천식

# 천식 발작이 발생하면

### 가벼운 발작일 때

- 물을 마시면 가래가 잘 떨어진다.
- 밤에는 창문을 열어 둔다든지 산책을 하여 바깥 공기를 들이 마시면 편해지는 경우도 있습니다.

### 그래도 숨쉬기가 계속 힘들 때

- 발작을 멈추게 하는 약을 사용해 주세요.

**먹는 약 ($\beta_2$ 자극제)**

코판®시럽, 카벤®시럽, 암브로콜®시럽, 밤벡®, 밤비®, 메프친®, 호크날린® 등

* 호크날린® 패취 같은 붙이는 약은 효과가 나타 날 때까지 몇 시간이 걸리게 됩니다. 발작 중지 목적으로 사용하는 약이 아닙니다.

- 발작의 형태, 먹은 약, 먹은 후 아이의 상태 등은 반드시 기록해 두었다가 다음에 의사에게 알려 주세요.

### 30분 이상이 지나도 효과가 없을 때

빨리 진찰을 받도록 하세요. 너무 오래 참고 기다리면 다음에 치료하는 데에 힘이 많이 듭니다.

### 약으로 발작이 억제되었어도

다음 날 또 발작이 발생되면 반드시 진찰을 받도록 하세요. 며칠이고 발작을 억제하는 약만 사용하고 참고 기다리면 안 됩니다.

기관지 천식

# 천식 발작이 발생하면

(집에서 약물 흡입을 허락받은 경우)

## 집에서 할 수 있는 일

① 가벼운 발작이 발생하면 흡입하도록 해 주세요.

### 흡입 약 (β2 자극제)

메프친® 스윙헬러
벤토린® 흡입액
벤토린® 에보할러
풀미칸® 분무용 현탁액

* 발작이 있을 때에 적절한 시기에 흡입하면 곧 효과가 있어 편해집니다. 단, 남용하면 위험한 부작용이 생길 수 있으므로 천식에 익숙해진 엄마가 의사의 지시 하에 사용하도록 해 주세요.

② 발작이 억제되어도 쌔액 쌔액하는 소리가 약간 남아 있는 것 같으면 발작을 중지시키는 약을 먹여서 발작이 또 강해지는 것을 예방해 주세요.

## 병원에 가야만 하는가?

집에서 흡입을 해도 효과가 별로 없을 때, 그대로 참고 너무 버티면 위험합니다.

흡입으로 발작이 억제된 후, 3시간 이상 지난 뒤에 다시 숨쉬기가 힘들어진 경우, 한번 더 흡입시켜도 좋습니다. → 다음 날 아침에 진찰을 받는다.

흡입으로 발작이 억제된 후, 3시간 이내에 다시 숨쉬기가 힘들어진 경우. → 빨리 진찰을 받도록 한다.

입술 색이 나빠지고 꾸벅 꾸벅 졸며 말을 걸어도 대답을 하지 않고 소변과 대변을 지리는 경우. → 긴급하게 진찰을 받도록 한다.

기관지 천식

# 일상생활 중 주의할 사항

천식의 원인으로 제일 많은 것은 집안의 먼지(주성분은 진드기)입니다. 집안의 먼지를 적게 하는 것이 매우 중요합니다.

곰팡이 알레르기가 원인이 되어 발작을 일으키는 어린이도 있습니다. 집안에 있는 곰팡이를 없애려는 노력도 해 주세요.

## 가정에서 주의할 사항

❶ 청소를 자주 해 주세요.

진공청소기로 먼지를 빨아내고 걸레로 닦아 내도록 하세요.
먼지를 흩날리게 하는 청소는 효과가 없습니다.

❷ 방바닥에 까는 융단은 쉽게 먼지가 쌓이기 때문에 깔지 않도록 하세요.

❸ 침실의 먼지와 침구에는 특히 주의를 해 주세요.

- 시트, 모포커버, 베개커버 등은 부지런히 바꿔 주세요.
- 이불은 양지바른 곳에서 말려 주세요.
- 눈에 띄지 않는 비듬, 때는 진드기가 좋아 하는 것입니다.
- 메밀껍질이나 판야를 솜 대신 넣은 베개는 스펀지로 바꿔 주세요.
- 깃털을 넣은 이불과 깃털을 넣은 베개는 사용하지 않는 것이 좋습니다.

기관지 천식

# 일상생활 중 주의할 사항

## 난 방

공기가 오염되지 않는 난방, 방안에 먼지가 날아오르지 않는 난방으로 해 주세요.

**권합니다.**

- ○ FF 온풍 히터
- ○ 마루 난방, 고타쓰(각로)
- ○ 전기 카펫트
- ○ 전기난로
- ○ 판넬히터

**주의해서 사용하세요**

- ▲ 마루에 온풍이 나오는 히터
- ▲ 가스 스토브
- ▲ 석유난로
- ▲ 팬 히터

### 담배 연기는 매우 위험한 적이다

목과 코를 자극하는 것은 멀리 하세요. 예를 들면, 담배 연기, 선향, 모기향, 불꽃, 페인트, 시너, 접착제, 방충제 등입니다.

### 반려동물

개, 고양이 등 동물의 털과 비듬, 작은 새의 깃털 등은 알레르기의 원인이 되는 경우가 있습니다. 이미 사육하고 있는 것이라면 최소한 방 안에는 들어오지 못하도록 하세요.

이제부터 사육하려고 한다면 자제해 주세요.

기관지 천식

# 기관지 천식을 예방하는 약

천식 발작을 반복하는 어린이와 증상이 심한 어린이에게는 예방약을 매일 먹이거나 흡입하게 하여 발작이 발생되지 않도록 해줘야 합니다.

* 발작이 있을 때에는 서둘러서 사용해도 효과가 없습니다. 매일 잠에서 깨어나는 시간에 끈기 있게 계속해서 사용하도록 하세요.

## 흡입하는 예방약

### 스테로이드 흡입 제제

세레타이드®에보할러, 세레타이드®디스커스 풀미코트®, 심비코트® 등

흡입할 수 있으면 효과가 매우 좋습니다. 체내에는 흡수되기 어려우므로 부작용도 거의 없습니다.

### 항 알레르기 흡입 제제

인탈® 흡입액, 인탈® 에오로솔, 틸레이드® 등

천식을 일으키는 화학 반응을 억제하여 발작이 잘 발생되지 않도록 하는 약입니다. (최근에 들어서는 다른 약제들의 효과가 좋아서 그다지 사용하지 않는 추세입니다.)

## 먹는 예방약

### 류코트리엔 수용체 길항제

싱귤레어®, 아콜레이트®, 오논® 등

천식을 일으키는 화학 반응을 억제하여 발작이 잘 발생되지 않도록 하는 약입니다.

### 서방형 테오필린

데오크레® 과립, 테오란-B® 서방캡슐, 유니필® 서방정 등

어린이에게 적합한 량을 정하기 위해서 혈액검사를 하는 경우가 있습니다.

* 셀레벤트®, 호크날린® 패취 등, 장시간 효과가 있는 $\beta_2$자극제와 흡입 스테로이드 제제의 복합제제(아드에어®)는 비교적 심한 천식을 앓는 어린이에 대해서, 주로 천식 전문의의 지시 하에 사용하는 약입니다.

# 아토피성 피부염 치료시의 각오

아토피성 피부염을 치료하기 위해서는 다음과 같은 각오를 언제까지나 잊지 않도록 해야 합니다.

## 강한 인내심

아토피성 피부염을 잠깐 사이에 고칠 수는 없습니다. 몇 년이고 강한 인내심을 갖고 노력하세요. 좋아져도 손을 놓지 말고 일시적으로 나빠져도 낙담하지 말고 장기전이 된다는 각오를 하세요.

## 정기적인 진찰

증상이 바뀌면 치료방법도 바뀝니다. 반드시 정기적으로 진찰을 받아 주세요.

'약만 주세요' 라는 자세로는 치유되지 않습니다.

정기적으로

## 자기 생각대로 하는 것은 실패의 원인

좋아졌으니까 바르는 것을 중지한다, 나빠졌으니까 시판되고 있는 약을 사용한다, 매일 약을 사용하는 것은 좋지 않다고 생각되니까 사용회수를 줄인다, 등 자신의 판단으로 치료방법을 바꾸는 것은 실패의 원인이 됩니다. 어떻게 해야 할지 갈피를 잡을 수 없을 때는 반드시 의사에게 상담을 해 주세요.

자기 생각대로

## 쓸데없는 참견

친절한 사람이 이것이 좋다, 저것이 좋다고 가르쳐 주는 경우가 있습니다. 무의식중에 마음이 흔들리기 쉽지만 변덕은 금물. 의사에게 상담을 해 주세요.

아토피성 피부염
# 치료의 기본은 스킨케어(피부손질)

## 스킨케어(피부손질)

아토피성 피부염의 치료에서 가장 중요한 것은 매일 매일 하는 피부손질(스킨케어)입니다. 땀을 흘린다든지 침을 흘리거나 음식물이 얼굴에 묻으면 바로 씻어 내고 연고를 발라 주세요. 목욕을 할 때에는 피부가 마르기 전에 연고를 발라 주세요.

씻고 바르는 것이 기본

## 비 누

비누나 샴푸를 사용해도 괜찮으나, 사용한 후에 잘 씻어 내야 합니다. 특별한 비누를 살 필요는 없습니다.

## 가렵다!

아토피성 피부염은 가렵다 …… 가렵기 때문에 긁는다 …… 긁으면 상처가 생긴다 ……상처가 생기면 더욱 더 가렵다 …… 또 긁는다 …… 라는 악순환을 중지시키지 않으면 점점 더 나빠질 뿐입니다.

그래서

- 손톱을 짧게 자르고 줄로 갈아 준다.
- 두꺼운 옷을 입히지 않는다.
- 입으면 따끔 따끔한 의류는 피한다.
- 잠을 잘 때는 너무 따뜻해 지지않게 해준다.

* 가려움을 멈추게 하는 약을 먹는 경우도 있습니다.

# 아토피성 피부염 연고를 바른다

## 연고를 꼼꼼하게 발라준다

- 처방받은 연고를
- 지시받은 부위에
- 지시받은 회수만
- 매일 거르지 않고
  발라 주는 것이 중요합니다.

- 변덕스럽게 바른다든지
- 바르지 않는다든지
- 좋아졌으니까 라고 중지해 본다든지
- 시판되는 약을 발라 본다든지
  하면 좀처럼 치유되지 않습니다.

## 「강력한 연고」 공포증

스테로이드(부신피질호르몬)가 들어 있는 소위 「강력한 연고」는 아토피성 피부염에 대단한 효과가 있어서, 이 연고가 없이 아토피성 피부염을 치료한다는 것은 무리입니다.

의사는 스테로이드의 장점과 단점을 잘 알고 사용하기 때문에 의사가 지시한 데로 바르면 부작용의 걱정은 없습니다.

지시한 데로 바르면 걱정 없습니다

# 음식 알레르기

## 음식 알레르기일까?

아토피성 피부염을 앓고 있는 아이들이 모두 다 음식 알레르기가 있다고 단정할 수는 없습니다. 의사와 자주 상담하고 필요하다면 검사를 받아 보도록 하세요.

## 정확한 진단

피부의 과민성 검사와 혈액검사로 의심스런 음식이 발견되어도 반드시 음식 알레르기라고 할 수는 없습니다.

- 실제로 먹는 것을 중지해 보면 좋아지는가? (제거 테스트)
- 일부러 먹어보면 나빠지는가? (부하 테스트)

등의 테스트를 하여 의사가 종합적으로 판단합니다.

부하 테스트

제거 테스트

### 음식 알레르기라고 진단이 되면

예를 들면 우유 알레르기라고 진단이 됐다면 우유뿐만 아니라 우유가 들어 있는 음식은 모두 먹이는 것을 중지해야 합니다. 실제로 무엇을 먹이지 않아야 하는지, 그 대신 무엇을 먹이는 것이 좋은 지를 의사가 자세하게 알려 줄 것입니다.

### 식사 제한은 언제까지?

어린이의 성장에 따라 음식 알레르기는 사라져 갑니다. 의사가 적당한 시기를 가늠하여 무엇을 먹여야 좋은지를 알려 줍니다. 심하게 제한을 하지 않아도 좋아지는 날이 언젠가는 오게 됩니다. 그 날까지 참고 계속 노력해 주세요.

# 음식 알레르기가 있는 아이의 식사

## 달걀 알레르기

| | 강하다 | 알레르기의 강도 | | 약하다 |
|---|---|---|---|---|
| 먹을 수 없는 식품 | 날 달걀 | 삶은 달걀, 달걀에 여러 가지 재료를 넣고 찐 음식, 오므렛, 달걀이 들어 있는 과자, 스크램블 에그, 마요네즈 | 햄, 소세지, 어묵, 게살 | 식빵<br>튀김가루<br>면을 질기게 하는 재료 등 |
| | | 아이스크림, 밀크세키<br>달걀이 들어 있는 과자<br>푸딩 | 카스테라<br>케이크 | 쿠키 |
| 대체 식품 | 생선과 조개류, 돼지고기, 쇠고기, 두부, 우유, 셔벗, 전병(센베) | | | |

## 우유 알레르기

| | 강하다 | 알레르기의 강도 | | 약하다 |
|---|---|---|---|---|
| 먹을 수 없는 식품 | 우유<br>생크림 | 분유,<br>요구르트, 치즈<br>버터, 마가린 | 그라탕, 스튜우<br>포타쥬<br>햄, 소세지 | 식빵 |
| | | 아이스크림<br>푸딩, 밀크세키<br>밀크커피 | 카스테라, 케이크<br>초코레트<br>캬라멜 | 비스킷<br>쿠키 |
| 대체 식품 | 대용 우유(밀피-HP, 뉴-MA-1, MA-mi, 페프디에트), 두유 | | | |

## 밀가루 알레르기

| 먹을 수 없는 식품 | 대체식품 |
|---|---|
| 빵, 우동, 소면<br>라면, 스파게티<br>튀김, 돈까스, 스튜우<br><br>케이크, 카스테라<br>쿠키, 도넛 | 옥수수녹말<br>갈분<br>밤 가루 |

## 대두 알레르기

| 먹을 수 없는 식품 | 대체식품 |
|---|---|
| 대두, 콩나물<br>두부, 콩비지<br>된장, 간장<br><br>대두유 | 다이즈논 간장<br>다이즈논 된장<br><br>차조기씨 기름<br>참기름 |

(일본 소아 알레르기 학회 「식물 알레르기 진료 가이드 라인 2005」)

# 알레르기성 결막염 및 비염 (삼나무 화분증)

## 알레르기성 결막염

### 증 상

눈이 가렵다, 아픈듯 가렵다, 눈물, 눈의 충혈 등이 오래 지속됩니다. 눈을 비비기 때문에 눈꺼풀이 빨갛게 부어오르는 경우가 있습니다.

### 치 료

① 항 알레르기 약

알레르기 반응을 억제시키는 점안액을 매일 계속 사용하세요. 증상이 가벼워지지 않아도 지시가 있을 때까지는 중지하지 마세요.

② 증상을 억제하는 약

증상이 심할 때는 스테로이드가 들어있는 점안액이나 안연고를 단기간만 사용합니다.

◎ 아이에게 사용하는 약은

____________________ 입니다.

## 알레르기성 비염

### 증 상

재채기, 콧물, 코 막힘이 오래 지속됩니다. 아침에 연속해서 재채기를 하거나 코가 가려워서 자꾸만 만집니다.

### 치 료

① 항 알레르기 약

알레르기 반응을 억제시키는 점비약을 매일 계속 사용하세요. 항 알레르기 약으로 먹는 약을 계속해서 먹는경우도 있습니다.

② 증상을 억제하는 약

증상이 심할 때는 스테로이드가 들어있는 점비액을 단기간만 사용합니다.

◎ 아이에게 사용하는 약은

____________________ 입니다.

꽃가루(화분)가 원인이 되어 발생되는 알레르기성 비염과 알레르기성 결막염을 특히 「화분증」이라고 합니다. 예를 들면 삼나무 화분증이 있는 사람은 삼나무의 꽃가루가 날아다니는 이른 봄이 되면 재채기, 콧물, 코 막힘, 눈의 가려움과 충혈 등의 증상으로 괴로워합니다.

# 아기의 질환

# 기저귀 발진(칸디다 피부염)

기저귀에 의해 물크러진다든지, 피부에 남아 있는 소변이나 대변의 성분에 의한 자극으로 피부병이 생깁니다. 장시간 기저귀를 젖은 채로 갈아 주지 않으면 잘 생기므로 주의하세요.

## 치 료

씻는다, 닦는다 : 엉덩이가 더러워지면 닦아낸 뒤에 따뜻한 물이나 찬 물에 적신 탈지면으로 한 번 깨끗하게 닦아 줍니다. 그리고 욕조에서 비누로 잘 씻어 주세요.

말린다, 바른다 : 잘 말린 다음에 처방 받은 연고를 발라 줍니다. 연고를 바른 뒤에 파우더를 사용하는 것은 오히려 악화시키는 경우가 있으므로 피하세요.

잘 씻는 것이 가장 중요

## 예 방

청결과 건조에 좌우됩니다. 깨끗하게 닦고 항상 피부를 건조한 상태가 되도록 해 주세요. 알뜰하게 보살피면 종이 기저귀나 천 기저귀나 별반 다르지 않습니다. 기저귀는 헐겁게 채워 주세요.

### 칸디다 피부염

칸디다라는 곰팡이에 의해 생기는 피부염으로 기저귀 발진과 유사합니다. 기저귀 발진의 치료를 하는데도 좀처럼 좋아지지 않을 때는 다시 한 번 진찰을 받아 주세요. 기저귀 발진이 칸디다 피부염으로 변한 것일지도 모릅니다. 칸디다에 효과가 있는 바르는 약을 사용합니다.

# 아기의 피부 손질

아기 때에는 태어난 후부터 2~3개월경까지 호르몬의 영향으로 살갗에서 많은 량의 지방 성분이 배출되게 됩니다. 그대로 두면 곧 더러운 것이 피부에 쌓이게 되고 이것이 피부 트러블의 원인이 됩니다.

이 지방 성분은 따뜻한 물만으로는 잘 없어지지 않기 때문에 비누나 샴푸를 사용해야 합니다. 싹싹 문지르면 피부가 상하게 되므로 손으로 부드럽게 씻어내세요.

## 머리 속의 부스럼

배출된 지방 성분이 머리칼에 달라붙어서 노란색의 부스럼 같은 것이 되는 경우가 있습니다. 병은 아닙니다. 많지 않을 때는 매일 목욕을 해 줄 때에 샴푸를 하는 것만으로 충분하지만, 많을 경우에는 올리브 유를 발라 불린 뒤에 씻어 내 주세요. 부스럼이 두꺼울 때나 부스럼의 아래가 짓물러져 있을 때는 바르는 약을 처방하니까 지시대로 발라 주세요.

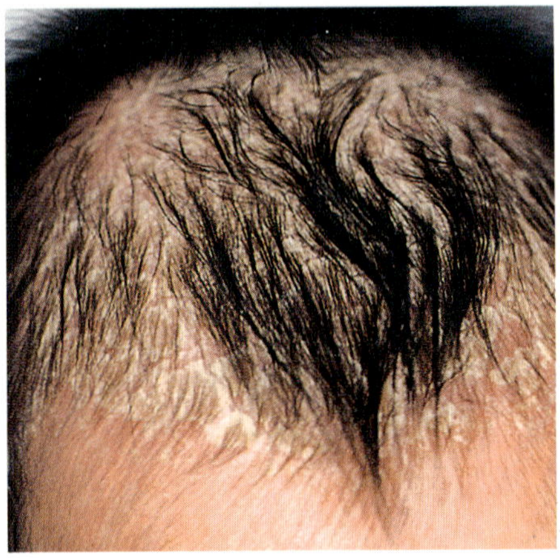

## 아기의 여드름

사춘기의 여드름과 같은 것이 생후 1~2개월까지의 아기 얼굴에 생기는 경우가 있습니다. 여드름은 병이 아닙니다. 비누로 잘 씻고 청결하게 해 주면 얼마 지나지 않아 없어집니다.

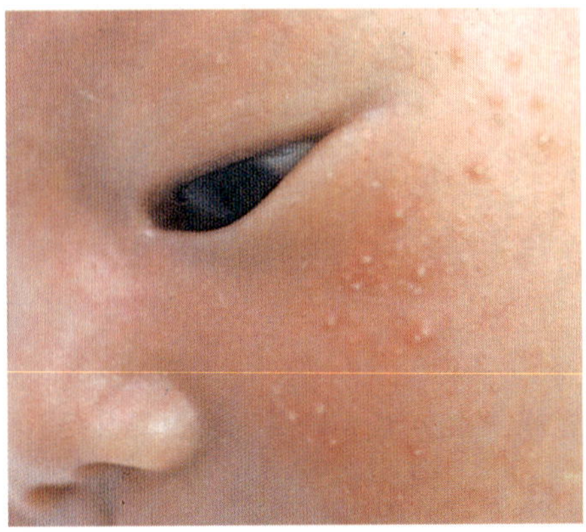

# 아기의 입 속 (아구창, 상피진주)

## 아구창

### 증상, 원인

빰의 안쪽과 입천장, 혀 같은 곳에 하얀 반점이 붙어 있습니다. 이것은 칸디다라고 하는 곰팡이가 피어서 생긴 것입니다. 젖의 찌꺼기와 비슷하지만 닦아내도 잘 떨어지지 않습니다. 통증은 없지만 식욕이 떨어지는 경우가 있습니다.

### 치 료

바르는 약을 처방하는데 이 약을 매일 지시한 대로 입 안에 발라 주세요. 젖병과 아기가 입에 댓든 다른 것들에도 곰팡이가 있을지 모르기 때문에 끓는 물에 소독하는 것이 좋습니다. 칸디다에 의한 기저귀 발진이 있을 때는 함께 치료해 주세요.

「칸디다 피부염」(601)을 참조하세요.

## 상피진주

### 잇몸에 진주가 있는 것일까?

생후 2~3개월경부터 잇몸에 하얀 알갱이 같은 것이 보이는 경우가 있습니다. 마치 조그마한 진주처럼 보이므로 「상피진주」라고 합니다.

이것은 잇몸의 표면이 변형된 것이며, 언젠가는 자연히 사라집니다.

# 아기의 눈곱 (비루관 폐색)

태어나서 수 일부터 수 주 사이의 아기가 눈물을 많이 흘린다든지 눈곱이 계속 끼는 경우가 있습니다. 이것은 눈물이 콧속으로 흘러들어가는 배수관(비루관)의 통로가 나빠졌기 때문입니다.

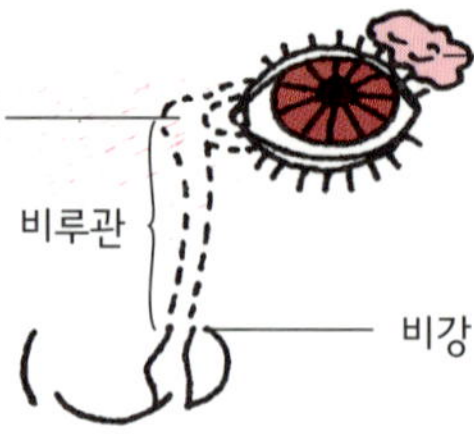


반수 이상에서 생후 2개월쯤에, 그리고 나머지 반 정도에서도 1살까지는 비루관의 통로가 좋아져서 자연히 해결됩니다.

## 가정에서 주의할 사항

1. 눈물을 닦아준다 : 눈물만 흘리고 눈곱은 생기지 않는 때는 아무 것도 할 필요가 없습니다. 넘쳐 흐르는 눈물을 닦아주는 것만으로 충분합니다.
2. 안약을 발라준다 : 황색 눈곱이 많이 낄 때는 처방 받은 항생제가 들어 있는 안약 을 발라 주세요.
3. 눈자위의 마사지 : 눈물의 통로를 좋게 한다든지 안약의 효과가 잘 발휘되도록 안약을 바른 후에 눈자위로부터 아래쪽으로 몇 차례 마사지를 해 보세요.

## 안과에서는

가느다란 바늘 같은 것을 비루관에 넣어서 눈물의 통로를 좋게 하려는 경우도 있습니다. 그러나 90% 이상이 한 살까지는 자연히 좋아지게 되므로 느긋하게 기다려 주기를 권합니다.

# 아기의 코 막힘

생후 1~2개월경, 열도 없고 기침도 하지 않는데 코가 막힌다든지 잠들기가 힘든 것처럼 보이는 경우가 있습니다. 아기의 콧구멍은 작고 코 속의 점막이 민감해서 대수롭지 않은 기온의 변화 같은 자극에도 콧물이 나오게 됩니다. 또한 난방으로 방 안이 건조해지면 콧물이 끈적끈적해 진다든지 코딱지가 되어 코를 막아 버리게 됩니다. 아기는 입으로 숨쉬기를 잘 하지 못하므로 코가 막히면 젖을 먹기가 어렵게 되고 기분이 나빠지게 됩니다.

### 코 막힘을 고치는 데에 도움이 되는 힌트

1. 난방으로 방 안이 건조해지지 않도록 가습기 등을 사용합니다.
2. 콧물을 스포이트로 빨아내거나 면봉으로 콧속을 청소해 줍니다. 단, 콧물을 빨아내는 것만으로 코 막힘이 좋아질 수 없으므로 콧속이 다치지 않도록 적당히 청소를 해 줘야 합니다.
3. 따뜻한 목욕물의 김(수증기)이 코의 점막을 축축하게 해 줍니다. 욕조에서 따뜻하게 몸을 담구고 있으면 콧속(비강) 점막의 부기도 줄어들게 됩니다.

### 이런 때는 한 번 더 진찰을

콧물이 아주 많이 나오게 되거나 먹는 젖의 량이 평상시의 반 정도로 감소된 경우, 그리고 기침을 한다든지 쌕쌕거리는 등의 증상이 있을 때에는 본격적인 감기일지 모릅니다. 다시 한 번 진찰을 받아 주세요.

# 아기의 변비

## 대변은 매일 나오지 않아도 좋다

생후 1개월이 지나면 대변을 보는 횟수가 줄어들기 시작합니다. 대변이 2~3일간 나오지 않으면 변비가 아닐까라고 걱정을 하게 되지만 한꺼번에 많은 량의 딱딱하지 않은 대변이 나오게 되고 체중도 순조롭게 증가되어 간다면 변비라고 생각하지 않아도 좋습니다.

**대변이 단단하고, 대변을 볼 때 배에 힘을 주면서 괴로워하는 모습을 보이거나 항문이 단단한 대변에 의해 찢어져서 피가 나올 때를 변비라고 합니다.**

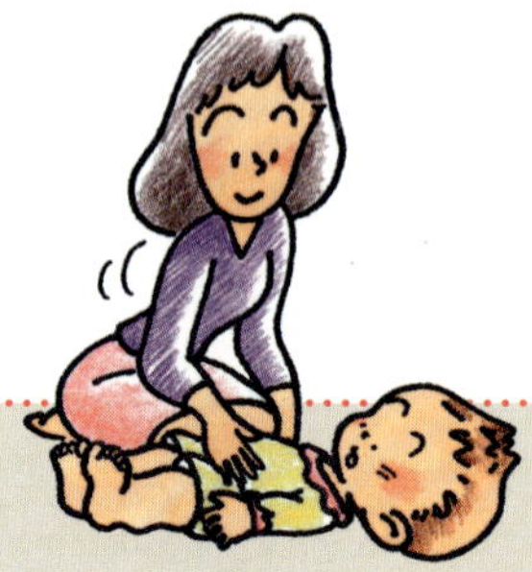

## 변비일 때 할 수 있는 여러 가지 방법

① 배를 부드럽게 문질러 줍니다.

② 듀팔락® 등을 먹여 봅니다.

③ 이유식을 먹이고 있으면 과일과 야채를 이유식에 넣어주는 것이 중요합니다.

## 면봉 관장

면봉에 올리브유 같은 것을 발라서 항문을 간지럽혀 보세요. 대개는 이 방법에 의해 대변이 나오게 됩니다.

## 글리세린 관장

여러 가지 방법을 동원해 봐도 대변이 나오지 않을 때에는 관장을 합니다. 관장이 습관이 되는 경우는 없습니다.

# 아기가 밤중에 우는 것

낮에는 기분 좋게 젖도 잘 먹는 아기가 특별한 이유도 없이 매일 밤 일정하게 울어대는 경우가 제법 많이 있습니다.

### 언제쯤부터 시작되는가?

생후 3~4개월경부터 나타납니다. 아빠와 엄마를 괴롭힐 정도로 밤중에 우는 경우는 생후 1년 6개월이 지날 즈음이 되면 대부분 없어지게 됩니다.

### 원인은 알 수 없다!

목이 마르다든지, 배가 고프다든지, 덥거나 춥다든지, 기저귀가 젖었다든지, 혹은 불안이나 흥분 등, 여러 가지 원인들을 생각할 수 있으나, 실제로 이것이다! 라고 할 수 있는 원인이 있는 경우는 거의 없습니다.

### 어떻게 하면 좋을까?

밤에 잠자리에 들 때에 가려운 등을 문질러 준다거나 자장가를 불러 주는 등, 안도감을 갖게 해 주고, 그래도 잠들지 않으면 안아 주세요. 만 1세가 되어가는 아기는 낮에 충분히 운동을 하지 않으면 밤에 잠을 자지 않게 됩니다. 낮에는 더욱 활동적인 놀이를 하도록 해 주세요.

생각되는 원인을 없애주어도 계속되면 체념하고 아기를 달래 주든지, 완전히 태도를 바꾸어 무시해 버리는 것도 한 방법입니다.

# 아기의 배꼽

## 제출혈(배꼽 출혈)

탯줄이 떨어진 후에는 잠시 동안 출혈이 있는 경우가 있습니다만 산과에서 배운데로 배꼽의 처치를 2~3일간 계속해도 출혈이 멎지 않는 경우를 말합니다. 출혈량이 많아지거나 출혈량이 적더라도 오랫동안 출혈을 계속하면 다시 한 번 진찰을 받아 주세요.

## 제육아종(배꼽육아종)

탯줄이 떨어진 후, 끝 부분이 단단한 덩어리가 된 것입니다. 이 덩어리가 커질 때는 처치를 해 줍니다.

## 제염(배꼽염증)

탯줄이 떨어진 후, 그 상처 부위로 세균이 침입해서 배꼽 주위가 빨갛게 부어오르고 심해지면 고름이나 피가 나옵니다. 더욱 심해지면 세균이 온 몸으로 퍼지는 경우가 있으므로 의사의 지시대로 배꼽을 소독하고 약(항생제)를 반드시 먹이도록 하세요.

## 제헤르니아(배꼽 탈장)

생후 1개월이 지날 즈음부터 배꼽이 볼록하게 튀어나오는 경우가 있습니다. 배꼽 주위의 근육이 아직 약해서 창자가 피부 아래로 부풀어 오른 것입니다.

아무 것도 해 줄 필요가 없습니다. 늦어도 만 1세까지에 자연 치유됩니다. 반창고를 붙혀 주는 치료법도 있으나 피부가 짓물러지는 경우가 많으므로 권하지 않습니다.

# PART 7

# 건강 검진

# 아기에게는 모유가 이상적인 식품

## 모유를 먹이는 것의 이로운 점은?

1. 초유에는 아기를 병원체로부터 지켜주는 면역 물질이 들어 있습니다.
2. 모유는 소화가 잘 됩니다.
3. 모유를 먹고 자란 아이는 병에 잘 걸리지 않습니다.
4. 모유를 먹고 자란 아이는 아토피성 피부염이나 천식에 잘 걸리지 않습니다.
5. 모유를 먹임으로써 모자간에 애정의 기반이 단단해 집니다.
6. 필요할 때에 곧바로 먹일 수가 있습니다.
7. 엄마에게도 이점이 있습니다.
   - 아기가 젖꼭지를 빠는 자극이 자궁의 수축을 촉진시켜 출산 후, 자궁이 빠르게 정상 상태로 회복됩니다.
   - 유방암에 잘 걸리지 않도록 한다고도 합니다.

## 엄마가 약을 먹고 있을 때, 모유를 먹여도 좋습니까?

엄마가 먹는 약의 일부가 모유 속에 있게 됩니다만 대부분의 경우에서는 모유 먹이는 것을 중지할 필요가 없습니다.

감기약이나 위장약 같은 경우에도 모유를 먹이는 것을 중지할 필요가 없습니다. 그래도 걱정이 될 때는 의사에게 상담을 해 주세요. 조사를 해서 답변해 줄 것입니다.

# 임신 때부터 소아청소년과 의사를 만나보았습니까? - 산전 방문 -

아기가 태어나기 전에 소아청소년과 의사를 만나서 태어날 때까지의 준비와 태어난 후의 사항 등을 부담 없이 상담해보면 좋습니다.

상담을 해보고 태어날 아기의 『단골 소아청소년과 의사』를 정해두면 태어난 후에 진찰을 받기가 쉬울 것입니다.

미국에서는 이전부터 그런 제도가 있는데 『출생전 방문(진찰)』이라고 합니다. 우리나라에도 이런 제도가 확산되어가고 있습니다.

### 상담을 해 보세요 - 태어날 때까지의 사항

- 임신의 경과는 순조롭게 진행되고 있습니까?
- 아기를 맞이할 준비는 되어 있습니까? (입힐 것, 침구, 기저귀, 방 등····)
- 분만할 때까지 걱정이 되는 것은 없습니까?
- (먼저 태어난 아기가 있을 때는) 태어날 아기에 관해 어떻게 말해 줄 것입니까? 그 반응은 어떻습니까?

···· 등

### 상담을 해 보세요 - 태어난 후부터의 사항

- 모유로 키울 예정입니까? 아니면 우유로 키울 것입니까?
- 목욕과 비누 등
- 기저귀 채우는 방법, 엉덩이의 관리
- 육아를 도와 줄 사람은 있습니까?
- 태어난 후의 할 일에 대한 예정은?

···· 등

### 귀 기울여 들어 두십시요 - 아기의 질병에 관한 사항

- 자주 걸리는 아기의 질병
- 체온을 측정하는 방법
- 이런 때는 소아청소년과에
- 급하게 진찰을 받을 것인가? 아니면 느긋하게 진찰을 받을 것인가?
- 예방접종 스케줄

···· 등

## 아기가 태어난 후부터 걱정되는 일이 있으면 소아청소년과 의사에게 상담을 해 주세요

아기가 태어난 후, 병원에서 집으로 돌아오면 엄마는 아기에게 생기는 조그마한 일에도 불안해 집니다.

- 젖은 어느 정도나 먹이면 될까?
- 때때로 젖을 토하는데
- 대변의 색깔이 이상하지 않은가?
- 얼굴에 좁쌀 같은 것이 생겼다.
- 배꼽이 아직도 짓물러 있다.
- 배에 힘을 주는 것은 괴로워서 인가?

등등, 걱정거리가 끊이지 않습니다.

「이 정도의 문제로 소아청소년과에 가도 괜찮을까?」라고 생각하여 병원에 가는 것을 주저하며 포기해 버릴 수도 있겠지만 당신의 『단골 소아청소년과 의사』는 아무리 시시콜콜한 것에도 상담에 응해줍니다. 엄마 혼자 걱정하지 않아도 됩니다.

아기가 태어난 후, 홀가분하게 상담을 할 수 있도록 태어나기 전부터 소아청소년과 의사를 만나 보세요.

# 생후 1개월 때의 건강 검진 후

## 지금부터 2개월간 안심할 수 있는 육아 지침

### 알아두면 때로는 조치를 하지 않아도 해결되는 것들

많은 아기들은 생후 1~2개월 사이에 자주 울게 됩니다. 우는 것이 「배가 고프다」라든지 「기저귀가 젖었으니 갈아 주세요」라는 신호라고 곧바로 알 수가 있는 것도 있지만 이유를 알 수 없는 경우도 많습니다. 젖을 먹고 난 후에 트림이 잘 나오지 않아서 「배 속이 약간 좋지 않은 것 같다」고 우는 경우도 있겠지요.

엄마가 경험을 쌓아감에 따라 아기를 껴안고 달래주는 편이 좋을 때와 포대기로 싸서 눕혀두면 반드시 울기를 멈추게 되는 경우를 점점 분별할 수 있게 됩니다. 원인을 알 수 없이 울어대는 통에 아기가 신경질적이라는 생각이 들 경우, 그것은 부모가 서투르기 때문이 아니고 아기의 성격에 의한 경우도 많다고 합니다.

대변을 볼 때, 아기가 힘을 주느라고 얼굴이 새빨갛게 되는 경우가 종종 있습니다. 모유를 먹는 아기는 때때로 3~4일 동안 대변이 나오지 않는 경우가 있습니다. 변비가 아닐까 하고 불안해 할 수 있으나 말랑 말랑한 대변이 나온다면 병적인 변비가 아닙니다. 변비라는 것은 대변이 염소 똥처럼 땡글땡글하게 단단해져 대변을 볼 때에 변이 나오기 힘든 상태를 말합니다. 건강한 아기의 배변 회수, 대변의 색깔, 단단함은 다양합니다.

이 시기에 가장 많은 아기에 대한 걱정거리 중
첫 번째는 습진이나 기저귀 발진 등 피부 문제이고
두 번째는 콧물과 코 막힘이며
세 번째는 먹은 젖의 구토, 먹는 젖의 량이 적은 것 등입니다.

어느 것이나 대부분 생후 3개월경에는 좋아집니다. 그 때까지도 좋아지지 않는 경우에는 치료가 필요한 경우도 있지만, 그럴 경우는 그렇게 많지 않습니다.

## 아빠의 협력으로 극복한다

아기의 수유나 너무 길게 혹은 자주 우는 것 때문에 엄마가 잠을 잘 수 없는 고통스러움은 생후 3개월쯤이 되면 아주 가벼워집니다. 그 때까지 아빠가 육아를 적극적으로 도와주세요. 할아버지, 할머니와 그 밖의 가족들의 협력을 받아 아빠와 엄마가 잠시나마 자신들만의 시간을 갖음으로써 심신의 건강을 회복하고 여유로운 기분으로 아기를 키울 수 있다면 좋겠지요. 두 번째 아기의 경우에는 형이나 누나가 시샘을 하지 않도록 마음을 써야 할 필요가 있습니다.

## 건강 검진의 권장

처음으로 아기를 키울 때에는 걱정거리가 끊이지 않고 계속됩니다. 주변 사람들에게 물어봐도 알 수 없는 것들이 있다면 소아청소년과 의사에게 물어봐 주세요. 힘이 될 것이라고 생각합니다. 젖먹이의 건강 검진은 질병의 조기 발견과 조기 치료를 위한 것만이 아니고 장래에 발생할 수 있는 질병을 미연에 방지하여 보다 더 건강하게 자랄 수 있게 하기 위한 최신의 조언을 받을 수 있는 기회입니다.

**고비가 되는 때는**
- **생후 1개월**
- **생후 3~4개월**
- **생후 6~7개월**
- **생후 9~10개월**
- **만 1세 입니다.**

## 예방 접종을 잊지 마세요

B형 간염 백신은 출생 후 1주일 이내에 1차를, 생후 1~2개월에 2차 접종을 받도록 합니다. BCG 백신은 생후 4주일 이내(늦어도 생후 2개월까지)에 맞아야 합니다.

**····그러면, 생후 3~4개월 때의 건강 검진 시에 만나 볼 수 있기를 기대하면서. 걱정스러운 것들이 있으면 잊지 않도록 기록해 두세요.**

# 생후 3~4개월 때의 건강 검진 후

## 지금부터 3개월간 안심할 수 있는 육아 지침

### 만일의 사고를 방지하자

잠깐 눈을 뗀 사이에 아기가 침대나 테이블에서 떨어지는 사고가 많은 시기입니다. 자면서 몸을 뒤척이지 않으니까 괜찮다고 방심하면 이상하게도 떨어지는 경우가 있습니다. 반드시 침대의 난간(가드레일)을 올려 두세요.

뜨거운 물이 들어있는 컵이나 전기포트 등을 아기의 손이 닿는 곳에 두지 않도록 하세요. 화상을 입어 마음이 아픈 경우도 많습니다. 가루 종류도 아기의 가까운 곳에 놔두지 않아야 합니다. 넘어뜨려서 가루를 들이마시면 폐렴을 일으키게 됩니다.

### 생활 리듬을 규칙적으로

낮에는 깨어있을 때가 많게 되고 밤에는 계속해서 잠을 자는 시간이 늘어갑니다. 수면시간을 점점 규칙적인 상태가 되도록 해 가면 자연스럽고 쉽게 젖 떼기(이유)를 시작할 수 있게 됩니다. 젖을 먹이는 간격은 4시간을 목표로 합니다.

### 예방 접종을 잊지 마세요

소아마비 예방접종은 생후 2개월부터 맞도록 합니다. 집단 접종의 경우에는 지역의 홍보지를 잘 읽어 보고 접종하는 날짜를 잊지 않도록 하세요. 그 밖에 DTaP 백신(백일해, 디프테리아, 파상풍), 히브(Hib)수막염 백신, 폐구균 단백결합 백신 및 로타 바이러스 백신도 생후 2개월부터 접종 받도록 합니다.

## 신경이 쓰이지만 별로 걱정을 하지 않아도 되는 것

손가락 빨기, 머리털이나 귓불을 만지작거리는 행동, 머리를 빙빙 돌리는 행동,‥‥이런 것들은 병이 아니고 그냥「버릇」입니다. 그저 보기만 해도 됩니다,

젖을 잘 먹고 체중이 빠르게 증가하는 아기가 생후 4개월이 지나면 갑자기 먹지를 않는 경우가 종종 있습니다. 너무 살이 찌지 않으려고 스스로 조절하는 것인지도 모릅니다. 잠간 기다리면 또 먹게 됩니다.

## 군더더기 한 마디.

어떤 엄마도 아기를 달래거나 말을 걸어보고 소리를 내면 답을 해주며 형제가 있으면 함께 놀아주게 하고 월령에 따라 안전한 장난감을 주는 등의 일을 자연스럽게 하고 있다고 생각합니다. 그러나 부모에게 흥미를 나타내지 않는다거나 밤새도록 자지 않는 경우가 있으면 소아청소년과 의사에게 상담을 해 주세요.

직장으로 복귀하면서 유아의 보육을 의뢰할 때에 불안감이 있거나 부모가 알레르기 체질이어서 이유식이 알레르기를 일으킬지 모르겠다는 걱정이 있어도 상담을 해 주세요.

‥‥그러면, 생후 6~7개월 때의 건강 검진 시에 만나 볼 수 있기를 기대하면서.
걱정스러운 것들이 있으면 잊지 않도록 기록해 두세요.

# 생후 6~7개월 때의 건강 검진 후

## 지금부터 3개월간 안심할 수 있는 육아 지침

### 눈을 뗄 수 없는 시기…… 사고 예방에 최대한의 관심을

이제부터 3개월간 대답을 할 수 있고 문 같은 것을 붙잡고 힘들게 일어 설 수가 있으며 움직여서 몸을 돌릴 수가 있고 손으로 물건을 쥐어서 입에 넣을 수가 있게 됩니다.

- 툇마루, 현관, 유모차, 계단 등에서 굴러 떨어질 수 있습니다.
- 담배, 살충제, 부모의 수면제, 화장품, 세제, 등유 등을 잘못하여 삼킬 수 있습니다.
- 붙잡고 일어서서 테이블 위의 물건들을 쓰러뜨릴 수 있어 뜨거운 물에 화상을 입을 수 있습니다.
- 난로, 다리미, 주전자, 밥솥 등에 닿아서 화상을 입을 수 있습니다. 이런 사고가 생후 8~9개월경에 갑자기 많아집니다. 일단 발생되면 치료하기 위해서 돈과 시간이 낭비될 뿐만 아니라 후유증도 생기게 됩니다. 젖먹이 시기에 가정에서 일어나는 사고는 예방할 수 있는 것이기 때문에 모든 사고는 부모의 책임입니다.

- 집안에서는 위험한 것을 1 미터 이상 높은 곳에 두고, 그럴 수 없다면 서랍이나 찬장 안에 넣어 두세요.
- 용기에는 반드시 뚜껑을 덮고 음식물 용기에는 식품 이외의 것을 넣어두지 않도록 하세요.
- 담배나 재떨이는 아이의 손에 닿지 않는 곳에 두고, 삼킬 수 있는 동전이나 단추 같은 것도 치워 두세요.

- 아기를 차에 태울 때는 아기용 시트를 장치하도록 하세요.
- 계단의 내려가는 쪽에는 난간을 설치하면 좋습니다.
- 욕조에는 물이나 뜨거운 물이 남아있지 않도록 해 두어야 합니다. 젖먹이 때에는 얕은 물에서 익사하는 경우가 의외로 많습니다.

만일을 대비하여 소아청소년과 의사와 구급센터 119, 중독정보센터 등의 전화번호를 쉽게 찾아 볼 수 있는 곳에 붙여두세요.

### 신경이 쓰이지만 별로 걱정을 하지 않아도 되는 것···· 밤중에 우는 것

목이 마르거나 기저귀가 젖어있는 경우에는 차나 우유를 먹이거나 기저귀를 갈아주면 해결되므로 간단합니다.

최근에 다음과 같은 것이 밝혀졌습니다. 아기가 잠들기 전에 엄마가 껴안고 젖을 먹인다든지 흔들어 주는 습관이 들어있으면 사람의 도움 없이 잠드는 훈련이 되어있지 않아서 일단 잠에서 깨어나면 다시 잠들기 위해서는 같은 절차와 조건이 필요하게 된다는 것입니다. 잠들어 있는 중에는 얕은 잠과 깊은 잠이 교대로 계속되는데 얕은 잠에서 깨어나도 같은 절차를 밟아 가면 곧 깊은 잠을 자는 때가 오게 됨으로 잘 잠들 수가 있다고 합니다. 방법 여하에 따라서 아기는 부모가 없어도 잠들 수 있게 되기도 하고, 반대로 항상 부모가 잠을 재워 주지 않으면 잠들지 못하게 되는 경우도 있습니다. 아기가 좋아하는 봉제인형이나 장난감이 있으면 좋습니다.

····그러면, 생후 9~10개월 때의 건강 검진 시에 만나 볼 수 있기를 기대하면서.
걱정스러운 것들이 있으면 잊지 않도록 기록해 두세요.

# 생후 9~10개월 때의 건강 검진 후

## 지금부터 만 1세가 될 때까지 안심할 수 있는 육아 지침

### 바깥 세계와의 만남을 시작한다 …… 엄마는 지켜본다

장롱이나 벽 같은 것을 붙잡고 걸으며 다른 사람이나 동물 혹은 물건들과 마주치면 호기심이 많아 탐험을 하고 싶어 하는 시기입니다. 안전대책을 세운 뒤에 마음껏 모험을 하게 하고 부모는 지긋이 지켜보며 과보호를 하지 않도록 하는 것이 중요합니다.

위험한 것을 하려고 하면 「안 돼!」라고 주의를 주어 위험으로부터 떨어지게 하여서, 상황에 따라 위험한 행동을 해서는 안 된다는 것을 가르쳐 주세요.

아빠도 「더 높이, 더 높이」나 「비행기가 부–웅」 등, 자주 놀아 주어 부모와 아기 사이에 교류를 갖고 아기가 소리를 내면 그 소리와 비슷한 소리로 대답을 해 주면 좋습니다. '있다 없다 놀이' 나 '왕!' , 혹은 '빠이빠이' 등 다른 사람들과의 교류와 모방을 부추기는 것은 말하기의 발달과 연관이 있습니다.

### 불안해 할 것이 없는 식습관을 들이도록

이 시기에는 조금씩 스스로 먹을 수 있는 능력이 생기기 시작합니다. 양쪽에 손잡이가 있는 플라스틱 컵으로 마시게 한다든지 토스트나 비스킷 등을 스스로 집어서 먹게 해봐도 좋은 때입니다. 때로는 가족들과 같은 식탁에서 함께 먹게 해 보세요.

첫 돌 전에 젖을 땐 아기도 있지만 늦어지는 아기도 있으니까 초조해 하지 마세요.

물건을 붙잡고 걸을 수 있게 되면 식욕이 저하되고 첫 돌때까지는 정말 조금 밖에 먹지 않거나 일시적인 기분만으로 먹지 않는 경우도 자주 있습니다. 이 시기에는 그다지 많은 종류의 음식을 먹일 필요가 없고 영양가가 높은 것이라면 종류가 적어도 영양분을 충분히 섭취할 수 있다고 합니다. 무리해서 억지로 먹인다든지 비위를 맞춰주면서 먹도록 하는 행동은 하지 않는 것이 좋습니다. 체중이 갑자기 줄어들지만 않는다면 걱정을 할 필요가 없습니다.

## 작은 것, 세 가지

- 이 시기의 아기들에게 있어서 「다른 아기들보다 늦는 것」은 걱정을 할 필요가 없습니다.
- 정해진 시간에 잠을 자도록 시도해 보기에 좋은 시기입니다. 그러나 순조롭게 진행되지는 않습니다. 느긋한 마음으로 시도해 보세요.
- 만 1세 때까지 끝내야 할 예방접종을 다시 한번 모자수첩에서 점검해 주세요.

## 예방접종은 완전히 끝냈습니까?

**소아마비 백신**

생후 2개월부터 7세 6개월까지 접종을 받을 수 있지만, 가능하다면 생후 2개월에서 1세 6개월까지의 기간에 예방접종 스케줄에 따라 3차에 걸쳐 접종을 받으세요.

**DTaP 백신(디프테리아, 백일해, 파상풍)**

생후 2개월부터 7세 6개월까지 맞을 수 있지만 가능하다면 생후 2개월부터 4~6세까지의 기간에 예방접종 스케줄에 따라서 5번 주사를 맞도록 하세요.

## 지금부터 받아야 할 예방접종

**홍역, 볼거리, 풍진 3종혼합(MMR) 백신 1차**

만 1세부터 2세 미만까지 맞을 수 있지만 1세에서 1세 3개월 사이에 맞도록 하세요.

**수두 백신**

만 1세부터 맞을 수 있습니다.
개인의 희망에 따라 맞는 것이어서 유료입니다.
공공기관에서는 통지하지 않습니다.

····그러면, 1세 때의 건강 검진 시에 만나 볼 수 있기를 기대하면서.
걱정스러운 것들이 있으면 잊지 않도록 기록해 두세요.

# 1세 때의 건강 검진 후

지금부터 1세 6개월이 될 때까지 안심할 수 있는 육아 지침

## 먹지 않게 되는 시기이므로

우유만 먹거나 반찬은 먹지 않고 밥만 먹는다든지, 좋아하고 싫어하는 것을 심하게 구별한다든지, 체중이 조금밖에 증가하지 않았는데도 이상한 점이 없다든지, 여러 가지로 불안한 시기입니다. 이런 변화는 체격이 아기 특유의 통통한 형태에서 유아기의 호리호리한 형태로 변해 갈 때에 나타나는 일시적인 현상입니다.

이 시기에는 여기저기를 돌아다닌다거나, 달음박질을 한다든지 혹은 던지기를 하거나, 활발하게 운동을 하기 때문에 체중은 별로 늘어나지 않습니다. 그러나 매달 체중을 측정해서 모자수첩에 기입해 두세요.

엄마는 너무 무리하지 말고, 다시 먹는 시기가 온다고 생각하고 느긋하게 기다리세요. 아이가 좀처럼 먹으려고 하지 않을 때에는 비위를 맞춰주면서 먹게 하려고 노력하지 말고 먹을 것을 치워버리세요. 또한, 주스나 단 음식을 너무 많이 주지는 않는지, 배가 고픈지 고프지 않은지를 잘 파악하고 있는지를 뒤돌아 볼 필요가 있습니다.

## 새로 발생하는 사고의 원인

- 이 시기에는 곤약이 들어 있는 젤리, 땅콩, 팝콘, 콩, 막대기 형태의 당근이나 셀러리, 건포도, 껌 등은 주지 마세요.
- 뜨거운 가스레인지에 아이가 접근하지 못하도록 하고 냄비의 손잡이는 아이의 반대쪽을 향하게 하여 놓도록 하세요. 식사 준비를 하고 있는 중에는 뜨거운 액체가 들어있는 그릇을 아이의 손이 닿지 않는 곳에 놓아서 화상을 방지하세요.
- 전기 플러그를 끼우는 곳을 만져서 감전되지 않도록 주의하세요.

## 어휘력, 마음, 능력을 키워 주도록 하세요

어휘력을 키워주기 위해 몸 주위에 있는 사물들의 이름을 말해 준다든지, 몸의 여러 부위를 손으로 가리키면서 그 부위의 명칭을 얘기해 주세요. 식사를 할 때, 기저귀를 갈아줄 때, 목욕이나 옷을 갈아입힐 때, 외출을 할 때 등에는 항상 아이에게 말을 걸어 보세요.

그림책은 한 페이지에 물건의 명칭이 하나 씩 써져 있는 것이 좋다고 합니다. 책을 읽어 준다든지 노래를 불러주고 아이가 보거나 행동한 것에 대해서도 이야기를 해 보세요.

바쁠 때에도 아이의 질문에 싫은 기색을 하지 말고 귀 기울여 들어주고, 의미를 알 수 없는 질문을 해도 즐겁고 기쁜 얼굴로 대답해 주면 좋겠지요.

아이가 착한 행동을 한 때에는 칭찬을 해 주세요. 새로운 능력을 갖게 됐을 때는 부모가 감탄한다는 표현을 해 주세요. 위험해서 금지해야 할 항목의 수를 적게 정하고, 그 대신에 반드시 지키도록 하게 하세요. 말로 금지의 의미를 알려준 뒤에 필요하다면 아이를 꽉 붙잡고 만지면 안 된다고 말하고 놓아두었든 것을 아이에게서 빼앗아야 합니다. 위험하기 때문에 아이에게서 멀리 때어 놓으려면 아이를 안아서 그 장소에서 데리고 나가세요.

장난감을 줄 때에는 어떻게 놀아야 하는지를 직접 해 보여줄 필요가 있습니다. 흉내를 내는 행동(예; 청소, 소꿉놀이)은 계속해서 하도록 해 주세요. 뒤쫓기, 춤추기, 물놀이, 공 던지기, 공차기 등, 여러 가지 운동은 부모가 볼 수 있는 곳에서 하도록 하세요.

아이가 한 명 뿐이라든지, 형제라도 나이 차이가 많을 때에는 근처에 살고 있는 같은 또래의 아이들과 놀도록 해 주세요. 근처에 같은 또래의 아이들이 살고 있지 않은 지역에서는 아이를 키우는 것을 지원해 주는 시설이 근처에 있는지를 보건소나 어린이 집 혹은 직장의 동료들에게 알아보면 좋을 것입니다.

## 예방접종을 잊지 마세요

홍역, 볼거리, 풍진 3종 혼합(MMR) 백신 1차 접종과 DTaP 백신의 3차 접종은 끝냈습니까?

3번 째 소아마비 백신의 접종은 끝냈습니까? (가능한 한 1세 6개월이 될 때까지는 끝내 주세요.)

히브(Hib) 수막염 백신, 폐구균 단백결합 백신, 수두 백신 등은 선택 접종(유료)이지만 될 수 있는 한 맞아 두도록 하세요.

일본뇌염 백신은 생후 12~23개월에 1차 접종을 받고, 2차 접종을 사백신으로 할 경우에는 1차 접종을 받고 나서 7~14일 후에 받습니다.

····그러면, 1세 6개월 때의 건강 검진 시에 만나 볼 수 있기를 기대하면서.
걱정스러운 것들이 있으면 잊지 않도록 기록해 두세요

# 1세 6개월 때의 건강 검진 후

지금부터 3세가 될 때까지 안심할 수 있는 육아 지침

## 충치가 있으면 가엾습니다. 예방합시다.

1세 6개월이 된 아이들의 7~8%에서는 충치가 발생되어 있습니다. 앞니에 충치가 발생됐는지는 2살이 되기 전에 알 수가 있으며, 이 기간 동안 예방을 하면 그 후에는 충치가 잘 생기지 않는다고 합니다.

잠들기 전에 과즙이나 유산균 음료 등, 단 것을 젖병으로 주면 충치가 잘 생깁니다. 이 시기에는 컵으로 마실 수 있기 때문에 젖병은 졸업시키세요. 아직 칫솔로 이를 닦을 수 없기 때문에 입 안 청소는 엄마가 해주어야 할 일입니다. 식사 후의 양치질이나 엄마의 손가락으로 이가 나온 곳의 주위나 이와 이 사이에 낀 것을 없애주는 등, 입 안을 청결하게 유지해 주세요. 충치가 생겨 버리면 치료할 때의 통증, 통원에 필요한 비용과 시간을 생각해 보세요. 예방이 최선의 방법입니다.

## 사고에 의한 상처도 조심하면 예방할 수 있습니다

- 차에 태울 때는 항상 소아용 시트를 사용하도록 하세요.
- 도로 가까이에서 놀 때는 항상 감독이 필요합니다. 이 나이 또래의 아이는 위험하다는 것을 이해할 수 없고 「안돼!」라고 했던 것을 기억하지 못합니다.
- 욕조나 풀장 옆에서는 아이에게서 눈을 때면 안 됩니다. 이 시기에 발생되는 익사 사고의 80%는 욕조에서 발생합니다.

## 좋은 생활습관을 갖도록 노력하자

가능하다면 정해진 시간에 잠을 자도록 하고, 잠을 재울 때에는 그림책을 읽어 주세요. 말로 표현하는 능력을 증진시켜 주고 말하는 데에 사용하는 단어에 대해 흥미를 갖게하며 듣기 능력을 향상시켜 줄 것입니다.

이 시기에는 음식을 스스로 먹을 수 있게 되지만, 좋아하고 싫어하는 음식의 종류가 뚜렷해지고 적게 먹는 경향이 흔히 초래됩니다. 아이의 자아가 점점 강해지기 때문이므로 너무 강요해서는 안 됩니다. 식사하는 곳이 말다툼의 장소로 바뀌면 훗날 나쁜 영향을 끼치게 됩니다.

의사로부터 특별히 영양상의 문제점을 지적받지 않은 한, 아이의 영양 상태는 균형을 유지하고 있으니 걱정을 할 필요가 없습니다.

## 화장실 사용법을 가르치기 시작할 수 있을지도

아이에 따라서는 1세 6개월에서 2세 사이에 가능해질 수도 있습니다. 아주 잘 걸을 수 있게 되면 「변기」에 앉을 수가 있게 됩니다. 낮잠을 자는 중에 오줌을 싸지 않고, 식사 후에 힘을 쓰거나, 기저귀가 젖었다고 엄마에게 '쉬쉬' 하고 알려주는 등의 행동을 하게 되면 「아이용 변기」를 준비하거나 어른들의 변기에 발받침대를 사용한다든지 기저귀를 채우지 않고 트레이닝 팬티로 바꿔 입힐 수도 있습니다.

「착한 아이로구나」라고 칭찬을 해 주는 것이 효과적입니다. 변기에 앉히는 것은 몇 분 동안으로 하며, 나오지 않는다고 오랫동안 앉혀 두는 일이 없도록 하세요. 일찍 가능해졌다고 해서 특별히 좋은 것은 아닙니다. 서두르지 말고 아이의 페이스에 맞춰서 느긋하게 진행하세요.

마지막으로 한마디: 아기를 잘 키우는 것이 힘들다는 느낌이 들 때(짜증을 낸다, 겁이 나서 엄마에게 매달린다, 성미가 까다롭다, 너무 공격적이다, 말하는 속도가 늦다.)는 의사와 상담을 해 주세요.

**····그러면, 3세 때의 건강 검진 시에 만나 볼 수 있기를 기대하면서.**
**걱정스러운 것들이 있으면 잊지 않도록 기록해 두세요.**

# 3세 때의 건강 검진 후

## 지금부터 5세가 될 때까지 안심할 수 있는 육아 지침

### 3세가 된 아이는 「불완전하지만 그럭저럭 한 사람 몫」을 한다

자기가 할 수 있는 것은 혼자서 하게 하고 도와주지 않도록 합니다. 혼자서 하면 칭찬을 해 주고, 자기가 할 일을 제대로 하는 습관을 들이도록 하세요.

예를 들면 ① 혼자서 손 씻기, ② 혼자서 옷을 입고 벗기, ③ 부탁을 하면 뒤처리를 혼자서 하기 등의 습관입니다. 이즈음에는 부모의 과도한 도움은 필요가 없으며, 이런 도움이 오히려 자발적인 성격 형성이나 적극적인 마음가짐을 가질 수 없게 하는 경우가 있습니다.

### 같은 또래의 놀이 친구가 필요합니다

이즈음부터는 혼자 있는 것보다는 같은 또래의 친구들과 함께 있는 것을 좋아하게 되어 갑니다. 공감하기도 하고 반발하기도 하면서 중요한 체험을 할 수 있게 됩니다. 이즈음에 갖추어지길 바라는 사회성으로는 ① 자기의 것과 남의 것을 구별하기, ② 흉내를 내는 놀이를 하기, ③ 어른과 이야기하기 등을 들 수 있습니다.

### 아빠, 아이와 놀고 있습니까?

2세 쯤까지는 엄마를 옆에서 도와주는 경우가 많았었지만 이제부터는 더욱 적극적으로 아빠만이 할 수 있는 것도 필요하게 됩니다. ① 함께 놀아 주기, ② 함께 산책하기, ③ 함께 목욕하기 등, 일상적인 접촉을 깊게 하여 아이와의 사이에 견고하게 친한 관계를 만드는 것이 중요합니다. 또한 엄마와 정보를 교환하면서 통일된 육아 방침을 갖는 것도 필요합니다.

## 식사와 간식 시간을 정하세요

식생활의 리듬을 제대로 갖추어 모든 가족들과 함께 즐겁게 식사를 하는 것이 중요합니다. 또한, 편식을 하는 경향을 보이는 아이의 경우에는 좋아하는 것을 섞어서 음식을 만들거나 양념을 다른 것으로 바꾸는 등, 조리에 대한 연구가 필요합니다. 꾸지람을 하거나 무리하게 먹도록 강요를 하면 역효과가 납니다.

## 예방접종은 끝냈습니까?

☆ DTaP 백신【 1차, 2차, 3차, 4차(추가접종) 】
☆ 소아마비 백신【 1차, 2차, 3차 】
☆ 홍역, 볼거리, 풍진 3종 혼합 백신(MMR)【 1차 】
☆ 일본뇌염 백신【 1차, 2차, 3차 】
☆ 히브(Hib) 수막염 백신 ······ 임의
☆ 폐렴구균 백신 ······ 임의
☆ 수두 백신 ······ 임의

# 5세 때의 건강 검진 후

지금부터 초등학교 학생이 될 때까지 안심할 수 있는 육아 지침

## 일상적인 것은 혼자서 할 수 있게 됩니다

이즈음이 되면 혼자서 하는 방법이 나타나고, 지금까지 해 왔던 것을 더 빨리 하게 되며, 반대로 전혀 하지 않기도 합니다. 전혀 하지 않는 경우에는 제대로 해 보도록 말을 걸어 보고, 잘 하면 확실하게 인정하고 칭찬해 주는 것이 필요합니다.

## 여러 가지 생활습관도, 그 의미를 이해시켜 주세요

1. 식생활 : 건강하기 위해서는 여러 가지 음식을 제대로 먹어야 한다는 것을 이해하기 쉽게 가르쳐 주세요.
2. 일찍 자고 일찍 일어나기 : 규칙적인 생활의 리듬이 필요하고, 소홀히 하면 건강을 해치게 된다는 것을 가르쳐 주세요.
3. 청결하게 하기 : 손을 씻는다든지 양치질을 하는 것은 질병에 걸리지 않도록 하기 위해 대단히 중요하다는 것을 가르쳐 주세요.
4. 자기 것을 소중하게 다루기 : 자기 것을 잃어버리지 않게 잘 정리할 수 있도록 가르치세요.
5. 이 닦기 : 매 식사 후의 이 닦기가 중요하다는 것을 가르쳐서 스스로 잘 닦을 수 있게 가르치세요.

## 위험한 곳은 함께 가서 가르쳐 주세요

이 나이에는 급히 튀어 나오는 등의 행동에 의한 교통사고나 물에서의 사고에 주의할 필요가 있습니 다. 자전거 등으로 활동 범위가 넓어져 가지만, 그만큼 위험도 많아져 갑니다. 아이의 활동 범위를 파악하고, 함께 외출을 할 때는 위험한 장소들을 아이에게 가르쳐 주세요. 실제로 있었던 사고에 대한 이야기를 한다든지 책 같은 것으로 사고의 무서움과 사고를 피하는 방법을 가르쳐 주세요.

## 마음씨가 곱고 착한 아이가 되면 좋겠네요

가정에서는 항상 아이의 인격을 존중해 주고 애정을 갖고 대하며(과보호, 과도한 간섭을 하지 않는다) 자주성을 중요하게 여기세요. 밖에서는 친구들과의 놀이나 아이들 사이의 싸움에서 여러 가지를 배우게 됩니다. 이렇게 해서 풍부한 감정과 곱고 착한 마음씨가 형성되어 갑니다.

## 예방접종은 모두 마쳤습니까?

초등학교 입학을 오랫동안 기다렸네요. 입학할 때에 하는 건강검진 때에는 당황하지 않도록 예방접종을 모두 마쳤는지를 지금 점검해 보세요.

☆ DTaP 백신【 1차, 2차, 3차, 4차(추가접종) 】
☆ 소아마비 백신【 1차, 2차, 3차 】
☆ BCG 백신
☆ 홍역, 볼거리, 풍진 3종 혼합 백신(MMR)【 1차, 2차 】
☆ 일본뇌염 백신【 1차, 2차, 3차 】
☆ 수두 백신 ······ 임의

이상의 예방접종이 아직 끝나지 않은 아이는 의사와 상담을 하여 빨리 접종을 받아 두도록 하세요.

**초등학교에 입학하기 전 1년 동안에 ·· 홍역, 볼거리, 풍진 혼합 백신(MR)【2차】와 일본뇌염 백신【추가 1차】의 접종을 받도록 하세요.**
**초등학교에 입학했다면 6학년 때에 ·· 일본뇌염 백신【추가 2차】의 예방접종이 예정되어 있습니다.**

# PART 8

## 질병의 예방

# 그래도 받으세요! 예방접종

## 예방접종을 받으세요

의학이 진보된 현재에도 치료법이 없거나 심한 후유증을 남기는 질병이 있습니다. 질병에 걸리지 않고 해결되는 예방접종이 있으니까 받아 두어야 합니다.

**질문** : 백일해와 디프테리아 같은 질병은 유행하지 않기 때문에 예방접종을 받아 둘 필요가 없는 것이 아닌지요?

**대답** : 많은 사람들이 예방접종을 받아 저항력을 갖게 되어서 그 질병이 유행하지 않는 것입니다. 접종을 받지 않은 사람들이 많아져 가면 또 유행하게 됩니다. 유행하지 않으니까 예방접종이 필요하지 않다는 생각은 잘 못된 생각입니다.

**질문** : 홍역 같은 것은 예방접종을 하는 것보다 자연스럽게 걸리는 것이 좋지 않습니까?

**대답** : 아닙니다. 홍역은 아이에게 있어서는 중병입니다. 생명이 걸려 있는 경우도 있습니다. 아이이기 때문에 가볍게 해결되는 경우는 없습니다. 또한, 홍역에 걸리면 아직 예방접종을 받지 않은 아이들에게 전염이 됩니다. 예방접종은 자신을 위한 것일 뿐만 아니라 남을 배려하는 중요한 예의이기도 합니다.

**질문** : 제대로 예방접종을 하면 그 병은 일생 동안 걸리지 않는 것입니까?

**대답** : 접종을 받고 나서 효과가 일생 동안 계속되는 것과 몇 년이 지나면 효과가 없어지는 것 등, 예방접종의 종류에 따라 다양합니다. 아이에게 있어서는 제대로 접종을 받았는데도 불구하고 걸려버리는 경우가 있지만 예방접종의 필요성에는 변함이 없습니다.

**질문** : 경련이 발생했든 경험이 있거나 알레르기가 있는 아이에게도 접종을 할 수 있습니까?

**대답** : 예. 본래 그런 아이들이야말로 예방접종이 더욱 필요합니다. 접종이 가능한지와 접종 방법, 그리고 시기에 대해서는 의사와 잘 상담을 해 보세요.

**질문** : 부작용이 걱정되는데········?

**대답** : 예방접종을 받은 후에 접종 부위가 부어오르거나 응어리가 생겼다든지 열이 나는 경우가 있지만 대부분은 일시적인 것이므로 걱정을 할 필요가 없습니다.
매우 드물게 심한 부작용이 발생되는 경우가 있지만 이전에 비하면 발생 빈도는 비교할 수 없을 정도로 적어 졌습니다.

**질문** : 부작용이 전혀 없는 것도 아닌데 그래도 예방접종은 필요합니까?

**대답** : 예. 필요합니다. 예방접종 때문에 발생하는 부작용보다도 치료법이 없는 질병에 걸리는 쪽이 훨씬 위험하기 때문입니다. 부작용을 걱정한 나머지 질병의 무서움에 대한 생각을 하지 않는 경우가 없도록 해 주세요.

어린이는 병에 걸리기 쉽고, 일단 걸리면 위중하게 되는 경우가 있으므로 병에 걸리지 않도록 지켜주는 역할을 하는 것이 예방 접종입니다. 병이 유행하면 어린이들뿐만이 아니라 그 사회도 큰 손실을 입게 됩니다. 그러니까 어린이들을 지키는 것은 물론이고 사회 전체를 질병에 의한 피해로부터 지키기 위해서도 예방접종은 필요합니다.

예방접종에 대한 것들 중, 이해할 수 없는 것이 있다면 어떤 것이라도 의사에게 물어 봐 주세요.

# 아기의 예방접종 스케줄

## 태어나서부터 만 1세까지

### 기본 접종 (무료)

#### B형 간염 백신

1차 출생 시 (생후 1주일 이내)

2차 생후 1~2개월 (생후 4개월 이내에 끝낸다)

년 월 일 예정

3차 생후 6~18개월 [2차의 2~17개월(최소 8주일) 이후]

년 월 일 예정

다른 예방접종은 1주일 이상 지난 뒤에

#### BCG 백신

생후 4주일 이내(생후 2개월까지는 끝내야 함)

년 월 일 예정

다른 예방접종은 1주일 이상 지난 뒤에

#### DTaP 백신

1차 생후 2개월 (최소 생후 6주일 이후)

년 월 일 예정

2차 생후 4개월 (최소 생후 10주일 이후, 1차의 4주~2개월 이후)

년 월 일 예정

3차 생후 6개월 (최소 생후 14주일 이후, 2차의 4주~2개월 이후)

년 월 일 예정

다른 예방접종은 1주일 이상 지난 뒤에

#### 소아마비(폴리오바이러스) 백신

1차 생후 2개월 (최소 생후 6주일 이후)

년 월 일 예정

2차 생후 4개월 [최소 생후10주일 이후, 1차의 2개월(최소 4주일) 이후]

년 월 일 예정

3차 생후 6~18개월 [최소 생후 14주일 이후, 2차의 2~14개월(최소 4주일) 이후]

년 월 일 예정

다른 예방접종은 4주일 이상 지난 뒤에

### 선택 접종 (유료)

#### 히브(Hib) 백신

1차 생후 2개월(최소 생후 6주일 이후)

년 월 일 예정

2차 생후 4개월 [최소 생후 10주 이후, 1차의 2개월(최소 4주일) 이후]

년 월 일 예정

3차 생후 6개월 [최소 생후 14주일 이후, 2차의 2개월(최소 4주일) 이후]

년 월 일 예정

다른 예방접종은 1주일 이상 지난 뒤

#### 폐구균 단백결합 백신

1차 생후 2개월 (최소 생후 6주일 이후)

년 월 일 예정

2차 생후 4개월 (최소 생후 10주일 이후)

년 월 일 예정

3차 생후 6개월 (최소 생후 14주일 이후)

년 월 일 예정

다른 예방접종은 1주일 이상 지난 뒤에

#### 로타바이러스 백신

1차 생후 2개월 (최소 생후 6주일 이후)

년 월 일 예정

2차 생후 4개월 [1차의 2개월(최소 4주일) 이후]

년 월 일 예정

*1가 백신 접종 시는 2차 접종으로 끝낸다.

3차 생후 6개월 [2차의 2개월(최소 4주일) 이후]

년 월 일 예정

*5가 백신 접종 시에만 시행한다.

# 생후 15주일 이후에는 접종을 시작하지 않는다.

# 생후 8개월 0일까지 끝내야 한다.

## 만 1세부터 초등학교에 입학할 때까지

### 기본 접종 (무료)

#### MMR(홍역, 볼거리, 풍진 혼합) 백신

**1차** 생후 12~15개월

년 월 일 예정

**2차** 4~6세 [최소 생후 13개월 이후, 1차의 3~5년 (최소 4주) 이후]

년 월 일 예정

다른 예방접종은 4주일 이상 지난 뒤에

#### DTaP 백신 첫 3회가 끝난 후

**4차 (추가접종)** 생후 15~18개월 (3차의 6~12개월 이후)

년 월 일 예정

* 4세 이후에 4차 접종 시는 5차 접종을 생략한다.

**5차 (추가접종)** 4~6세 (4차의 6개월~3년 이후)

년 월 일 예정

#### 일본뇌염 백신

**1차** 생후 12~23개월

년 월 일 예정

**2차** 1차의 7~14일 이후: 사백신을 접종할 때
1차의 12개월 이후 : 생백신을 접종할 때

년 월 일 예정

다른 예방접종은 1주일 이상 지난 뒤에

**3차** 생후 24~35개월 (2차의 약 12개월 이후)

년 월 일 예정

* 사백신을 접종한 경우에만 3차 접종을 시행한다.

다른 예방접종은 1주일 이상 지난 뒤에

**4차 (추가접종)** 6세 (3차의 2~4년 이후)

년 월 일 예정

#### 소아마비 (폴리오바이러스) 백신

**4차 (추가접종)** 4~6세 [3차의 3~5년(최소 4주일) 이후]

년 월 일 예정

*3차를 4세 이후에 접종받은 경우에는 4차 접종을 생략한다.

### 선택 접종 (유료)

#### 수두 백신

**1차** 생후 12~15개월

년 월 일 예정

**2차** 1차의 최소 4주일 이후 (유행할 때에만)

년 월 일 예정

다른 예방접종은 4주일 이상 지난 뒤에

#### Hib(히브) 백신

**4차(추가접종)** 생후 12~15개월 [3차의 6~9개월(최소 8주) 이후]

년 월 일 예정

* 5세 이후에는 접종하지 않는다.

다른 예방접종은 1주일 이상 지난 뒤에

#### 폐구균 단백결합 백신

**4차(추가접종)** 생후 12~15개월 [3차의 6개월(최소 8주일) 이후]

년 월 일 예정

다른 예방접종은 1주일 이상 지난 뒤에

#### A형 간염 백신N

**1차** 생후 12~23개월

년 월 일 예정

**2차** 생후 18~41개월 (1차의 6~18개월 이후)

년 월 일 예정

# 예방접종을 받은 후의 주의사항

## BCG 백신

1. 평상시처럼 생활하도록 하세요. 목욕도 문제가 될 것이 없습니다.
2. 접종 후 2~3주일간 주사 부위가 빨갛게 부어오르고 1개월 정도 고름이 생긴 것처럼 됩니다. 그 후, 딱지가 생기고, 딱지가 떨어지면 깨끗해집니다. 반창고나 붕대는 필요 없습니다.
3. 접종 후 10일 이내에 만약 주사 부위가 부어올라 곪게 되면 의사에게 연락을 해 주세요.
4. 열이 나는 등의 부작용은 없지만 때때로 겨드랑이에서 림프절이 부어오르는 경우가 있습니다. 대부분이 2~3개월내에 사라지지만 커지는 것 같으면 의사에게 상담을 해 주세요.

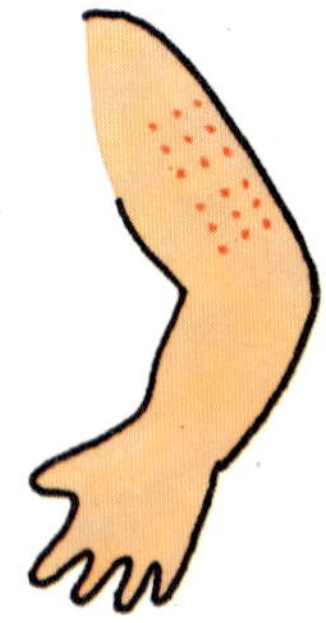

잘 된 경우에는 총 18곳이 부어오른다.
(경피 접종)
*피내 접종은 1곳에만 접종하므로 1곳만 부어오른다.

다른 종류의 예방접종은 1주일이 지나면 받을 수 있습니다.

# 예방접종을 받은 후의 주의사항

## 디프테리아, 파상풍, 백일해 3종 혼합 (DTaP) 백신

1. 평상시처럼 생활하도록 하세요. 목욕도 문제가 될 것이 없습니다.
2. 접종 받은 날, 발열이 있는 경우가 있지만 1~2일이면 내려 갑니다.
3. 20~50%의 사람에서 접종 후 2~3일 또는 1주일 경에 주사 부위가 빨게 지거나 부어오르는 경우가 있으나 2~3일이면 사라집니다.
4. 드물게 팔 전체가 부어오르는 경우도 있으나 심하게 부어 오르고 가려우며 통증이 심할 때는 차게 해 주세요. 그래도 좋아지지 않을 때에는 의사와 상담을 해 주세요.
5. 주사 부위에 응어리가 남는 경우가 있으나 1~2개월이면 사라집니다.

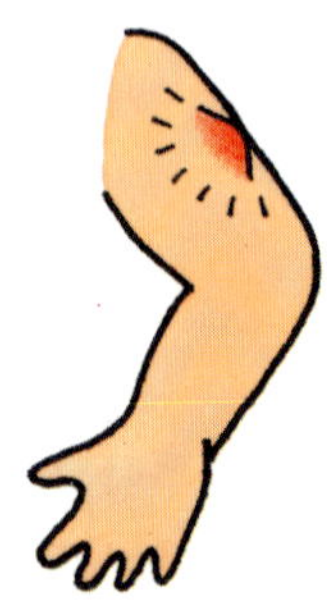

주사 부위가 빨갛게 부어오르는 경우가 있습니다. 걱정할 필요는 없습니다.

다음 DTaP 백신 접종(제 1기의 2차와 3차)은 4주일~2개월 뒤에 받아주세요. 다른 종류의 예방접종은 1주일이 지나면 받을 수 있습니다.

# 예방접종을 받은 후의 주의 사항

## 홍역, 볼거리, 풍진 3종 혼합 (MMR) 백신

1. 95% 이상의 사람들이 면역을 얻을 수 있습니다.
2. 평상시처럼 생활하도록 하세요. 목욕도 괜찮습니다.
3. 주사 부위가 빨게 지거나 부어오르며 약간 열이 나는 경우가 있지만 2~3일이면 사라집니다.
4. 접종하고 나서 7~12일 후에 38.0℃ 전후의 열과 발진이 나타나는 경우가 있으나 열의 정도에 비해 기력이 있으며 2~3일이면 열이 내려갑니다.
5. 때로는 접종 후에 걸려버리는 경우가 있지만 대부분은 가볍게 끝납니다.
6. 2~3%에서는 접종 후 2~3주일 경에 귀 밑이 가볍게 부어오르는 경우가 있지만 1~2일이면 사라집니다.

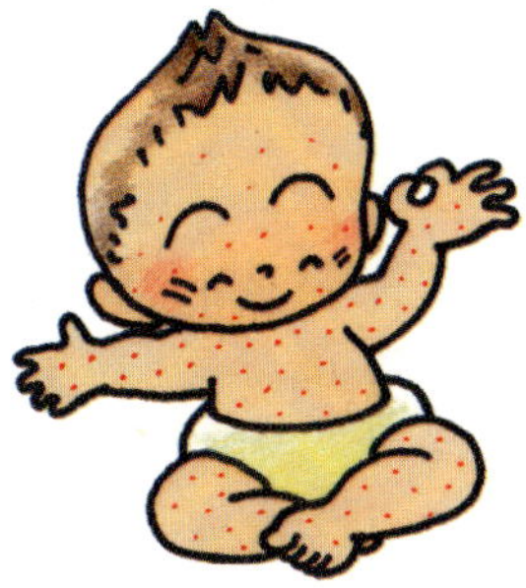

열과 두드러기 같은 것이 나타나는 경우가 있습니다. 홍역에 가볍게 걸린 것으로 면역이 제대로 이루어졌다는 증거라고 생각해도 좋습니다.

다른 종류의 예방접종은 1주일이 지나면 받을 수 있습니다.

# 예방접종을 받은 후의 주의사항

## 일본뇌염 백신

1. 평상시처럼 생활하도록 하세요. 목욕도 문제가 될 것이 없습니다.
2. 때로는 주사 부위가 빨갛게 부어오르거나 발열과 두통이 생기는 경우가 있으나 2~3일이면 사라집니다.
3. 사백신을 접종받는 경우, 오늘 1차 접종을 받았다면 7~14일 후에 2차 접종을 받고, 그 후에는 1년 뒤에 한 번 더 접종을 받으며 추가접종은 6세와 12세에 받습니다.
4. 생백신을 접종받는 경우에는 1차 접종 후, 1년 뒤에 2차 접종을 받고 6세에 3차(추가접종)를 받습니다.

이것으로 기초 면역이 이루어집니다. 그 다음에는 초등학교에서 두 번 더 접종을 받습니다.

다른 종류의 예방접종은 1주일이 지나면 받을 수 있습니다.

# 예방접종을 받은 후의 주의 사항

## 수두 백신

1. 때로는 접종을 받았음에도 불구하고 걸려버리는 경우가 있지만 대부분은 가볍게 끝이 납니다.
2. 평상시처럼 생활하도록 하세요. 목욕도 문제가 될 것이 없습니다.
3. 열이 나는 등의 부작용은 없습니다.
4. 수두에 걸린 사람과 접촉한 경우, 72시간 이내에 이 예방접종을 받으면 대개 발생하지 않고 해결됩니다.

다른 종류의 예방접종은 4주일이 지나면 받을 수 있습니다.

# 인플루엔자의 예방접종 임의 접종(유료)

### 「예방접종을 받으면 인플루엔자에는 걸리지 않는다」는 것입니까?

홍역 등의 예방접종 효과와는 달리 인플루엔자의 예방접종 효과는 별로 좋지 않습니다. 유효율은 1~6세에서 20~30%(일본소아과학회:2004년), 초등학교 학생에서는 50%. 결국, 인플루엔자는 예방접종을 받아도 걸려버리는 경우가 있다는 것을 이해하고 접종을 받아 주세요.

### 「예방접종을 하면 『감기』에 걸리지 않는다」는 것입니까?

인플루엔자와 「감기」는 다른 질병이므로 인플루엔자가 아닌 「감기」에는 효과가 없습니다.

### 언제 쯤 접종을 받는 것입니까?

인플루엔자의 유행은 12월 하순부터 시작합니다. 예방접종은 대개 10월부터 11월에 시행하는데, 생후 6~23개월에 1차 접종을 받으세요. 그리고 1개월 후에 2차 접종을 받습니다. 13세 이상에서는 한 번만 받는 경우도 있습니다.

예방접종을 받고나서 2~3주일이 지나야 효과가 나타나므로 빨리 접종을 받으세요.

생후 6~23개월이 된 소아와 동거하는 가족 모두 접종을 받아야 하고, 9세 미만의 소아로 처음 접종을 받거나 첫 해에 한 번만 접종을 받은 경우에는 4주일 이상의 간격으로 2번 접종 받습니다.

### 예방접종을 받은 후의 주의 사항

1. 평상시처럼 생활하도록 하세요. 목욕도 문제가 될 것이 없습니다.
2. 때로는 주사 부위가 빨갛게 부어오르는 경우가 있지만 2~3일이면 좋아지기 때문에 걱정할 필요가 없습니다.
3. 이번에 1차 접종을 받은 사람은 1개월 후에 2차 접종을 받습니다.
4. 13세 이상에서는 한 번만 맞는 경우도 있습니다.

다른 종류의 예방접종은 4주일이 지나면 받을 수 있습니다.

# B형 간염의 예방접종

## 모자 감염의 예방(건강보험 적용)

- 엄마가 B형 간염 바이러스를 갖고 있을 때(HBs 항원 양성)는 아기에게 전염되는 것을 예방하기 위해서 태어난 직후에 곧바로 면역 글로불린의 근육 주사와 함께 백신 접종을 시작합니다.
- 엄마가 HBs 항원을 갖고 있는지를 모를 때는 출생 직후에 백신 접종을 하고, 엄마의 혈액을 검사하여 HBs 항원이 양성이면 늦어도 생후 7일 이내에 면역 글로불린을 근육 주사합니다.
- 엄마가 HBs 항원 음성이면 1차 백신 접종은 생후 2개월 이내에 해야 하는데, 가능하다면 신생아실에서 퇴원하기 전에 백신 접종을 합니다.

면역력은 적어도 4세까지 지속되고 면역의 기억은 10세까지 지속된다고 합니다.

## HBs 항원 양성인 사람의 가족, 해외생활을 하는 사람의 예방 임의 접종(유료)

혈액 검사에서 HBs 항원 음성인 것을 확인하고 백신을 3회에 걸쳐 접종합니다.

1회째 —(1개월)→ 2회째 —(5~6개월)→ 3회째

## 예방접종을 받은 후의 주의 사항

① 평상시처럼 생활하도록 하세요. 목욕도 문제가 될 것이 없습니다.
② 백신을 접종한 부위가 빨갛게 부어오르는 경우가 드물게 있습니다.
③ 열이 나는 등의 부작용은 없습니다.

다른 종류의 예방접종은 1주일이 지나면 받을 수 있습니다.

# 히브(Hib) 수막염의 예방접종 임의 접종 (유료)

- 히브(Hib) 백신은 영유아에게 위중한 수막염 등을 일으키는 세균인 「인플루엔자균 B형(Hib)」의 감염을 예방하는 백신입니다.
- 히브(Hib)에 의한 수막염에 걸린 아기는 연간 약 600명이며, 그 중 5%가 사망하고 25%에서는 발달 지연이나 청각장애 등의 후유증이 남게 됩니다.
- 해외에서는 110개국 이상에서 시행되고 있고, 이 나라들에서는 히브(Hib) 수막염이 과거에 있었던 질병으로 되어 있습니다.
- 지금까지 해외에서 10수년간 시행되어 왔지만 중독한 부작용은 발생하지 않았습니다.

## 예방접종 시기와 접종 간격

1회째의 접종을 출생 후 몇 개월 때에 시행했는지에 따라 스케줄이 달라집니다. 히브(Hib) 수막염은 1살까지의 아기에 많이 발생하므로 조기에 접종을 받으세요.

**【생후 2개월 이상, 생후 7개월 미만】**

생후 2개월부터 접종이 가능하며 4~8주일 간격으로 3회 접종합니다.

이 시기는 DTaP의 접종 시기이기도 하기 때문에 동시에 접종받는 것도 가능합니다.

1년 뒤에 추가 접종을 하는 것도 DTaP 백신과 같습니다.

**【생후 7개월 이상, 1살 미만】**

생후 7개월이 지나면 히브(Hib)에 대한 항체를 만드는 능력이 조금 상승하므로 접종은 2회(와 1년 후 추가 접종)만 합니다.

**【1살 이상, 5살 미만】**

1살이 지나면 항체를 만들어 내는 능력이 더욱 상승되므로 1회만 접종을 하면 되고 1년 후의 추가 접종도 필요가 없습니다.

## 예방접종을 받은 후의 주의 사항

① 평상시처럼 생활하도록 하세요. 목욕도 문제가 될 것이 없습니다.

② 백신을 접종한 부위가 빨갛게 부어오르는 경우가 드물게 있으나 2~3일이면 가라 앉습니다.

③ 열이 나는 경우는 거의 없습니다.

다른 종류의 예방접종은 1주일이 지나면 받을 수 있습니다.

# 폐렴구균의 예방접종 임의접종(유료)

- 폐구균 단백결합 백신은 수막염이나 패혈증, 폐렴, 중이염 등을 일으키는 폐렴구균의 감염을 예방하는 백신입니다.
- 영유아가 폐렴구균에 의한 수막염에 걸리면 10~30%가 사망하고 30%에서는 후유증이 남게 됩니다.
- 성인용 폐렴구균 백신은 한국에서도 이미 접종을 하고 있지만 성인용과는 다른 소아용 폐렴구균 백신입니다.
- 해외에서는 100개국 정도에서 접종되고 있으며 매우 안정성이 높은 백신입니다.

## 예방접종 시기와 접종 간격

1회째의 접종을 태어난 후 몇 개월 때에 받았는지에 따라 스케줄이 달라집니다.

**【생후 2개월 이상, 생후 7개월 미만】**

생후 2개월부터 접종이 가능하며 4주일 이상의 간격으로 3회 접종합니다.

이 시기는 DTaP와 히브(Hib) 백신의 접종 시기이기도 하므로 동시에 접종 받을 수도 있습니다.

1살부터 1살 3개월 사이에 추가 접종을 합니다.

**【생후 7개월 이상, 1살 미만】**

4주일 이상의 간격으로 2회 접종합니다.

2회째 접종을 한 날로부터 2개월 이상 지나고 만 1살이 지나면 추가 접종을 합니다.

**【1살 이상, 2살 미만】**

60일 이상의 간격으로 2회 접종합니다. 추가 접종은 하지 않습니다.

**【2살 이상, 5살 미만】**

1회만 접종합니다.

## 예방접종을 받은 후의 주의 사항

① 평상시처럼 생활하도록 하세요. 목욕도 문제가 될 것이 없습니다.

② 백신을 접종한 부위가 빨갛게 부어오르는 경우가 드물게 있으나 2~3일이면 가라 앉습니다.

③ 열이 나는 경우도 있지만 바로 가라앉습니다.

다른 종류의 예방접종은 1주일이 지나면 받을 수 있습니다.

# 자궁경부암 바이러스의 예방접종 임의 접종 (유료)

- 자궁경부암이라고 진단된 여성은 매년 15,000명, 그 중에 2,500명은 사망합니다.
- 이 자궁경부암은 「사람 유두종 바이러스(HPV)」의 감염이 원인입니다. 성교섭으로 감염이 되지만 소위 「성병」은 아닙니다. 성교섭으로 누군가가 감염될 가능성이 있고 그 중 일부에서 암이 발생합니다.
- 그래서 이 바이러스에 감염되기 전에 (성교섭을 시작하기 전에) 백신을 접종하여 감염을 예방하면 자궁경부암을 예방할 수가 있습니다.

## 예방접종과 접종 간격

9살부터 26살까지의 여성이 대상이지만, 특히 11, 12세의 여자에게 권합니다.

1차　11～12세<br>
　　최소 9세(가다실 접종 시) 혹은 10세(써바릭스 접종 시)<br>
2차　1차 접종 후 1개월(써바릭스 접종 시) 혹은 2개월(가다실 접종 시) 후<br>
3차　2차 접종 후 5개월(써바릭스 접종 시) 혹은 4개월(가다실 접종 시) 후

## 자궁경부암 검진도 중요

이 백신으로 자궁경부암의 발생은 약 60%가 감소된다고 예상하고 있어 100% 예방되는 것은 아닙니다. 자궁경부암의 조기 발견을 위해서는 지금처럼 건강검진을 받는 것도 중요합니다.

다른 종류의 예방접종은 1주일이 지나면 받을 수 있습니다.

# VACCINATION CERTIFICATE

This is to certify that the person mentioned below has received the following vaccines.

NAME ______________________ SEX ________
(first name) (family name)

DATE OF BIRTH ______________________ NATIONALITY ____________
(month / day / year)

| VACCINE | DATE GIVEN (month/day/year) | VACCINE | DATE GIVEN (month/day/year) |
|---|---|---|---|
| BCG | | Measles+Rubella ① | |
| Polio(OPV) ① | | ② | |
| ② | | Mumps | |
| ③ | | Varicella | |
| ④ | | Japanese encephalitis ① | |
| DPT ① | | ② | |
| or ② | | ③ | |
| DT ③ | | ④ | |
| ④ | | Hepatitis B ① | |
| ⑤ | | ② | |
| Hib ① | | ③ | |
| ② | | PCV7 ① | |
| ③ | | ② | |
| ④ | | ③ | |
| | | ④ | |

DATE ISSUED ______________________
(month / day / year)

______________________
(signature)

______________________
(doctor's name: PRINT)

______________________
(Institution's name and address)

# PART 9

## 사고의 예방

# 아기의 안전을 점검해 보세요

## 0~3개월 아기용

집 안과 아기의 상태를 생각하면서 지금의 상황에 해당되는 항목에 "○" 표를 해 주세요.
이 점검은 매달 한 번씩 해 보세요.

1) 소아용 시트는 첫 돌이 지나 체중이 10Kg을 초과할 때까지는 차의 뒤 쪽을 향해 45° 각도로 장착되어 있습니까? — 예 / 때때로 / 아니요

2) 아기를 자동차에 태울 때는 항상 소아용 시트에 앉히십니까? — 예 / 때때로 / 아니요

3) 아기를 옮길 때, 아기 이동용 바구니(쿠우한)를 사용합니까? — 예 / 때때로 / 아니요

4) 아기를 껴안고서 뒤축이 없는 슬리퍼나 바닥이 두꺼운 샌들 등, 불안정한 신발을 신으십니까? — 예 / 때때로 / 아니요

5) 아기가 자고 있는 곳의 위쪽에 떨어질 수 있는 물건을 놓아두고 있습니까? — 예 / 때때로 / 아니요

6) 아기를 무릎 위에 올려놓고 뜨거운 마실 것을 마시는 경우가 있습니까? — 예 / 때때로 / 아니요

7) 아기를 엎드려서 재웁니까? — 예 / 때때로 / 아니요

8) 아기가 잘 때 깔아주는 요는 몸이 푹 잠길 정도로 푹신푹신 합니까? — 예 / 때때로 / 아니요

9) 아기용 침대의 난간(사이드 레일)은 항상 올려져 있습니까? — 예 / 때때로 / 아니요

10) 자동차나 집 안에 아기를 혼자 두는 경우가 있습니까? — 예 / 때때로 / 아니요

# 아기의 안전 - 중요한 조언

## 0~3개월 아기용

**아기는 아직 움직임이 적은 시기이지만 사고가 발생할 경우가 있습니다.**

점검표의 우측 란에 ○표가 된 것은 위험성이 높은 것이므로 곧바로 개선해 주세요.

이 중요한 조언은 집 안의 모든 식구들에게 보여 주세요. 아기에 대한 안전관리는 아빠의 중요한 역할입니다.

1), 2) 6세 미만의 아이를 자동차에 태울 때는 소아용 시트의 사용이 법률상 의무로 되어 있습니다. 올바르게 장착되어 있는지를 확인하세요.

3) 아기 이동용 바구니는 부딪히거나 떨어 뜨리는 경우가 있습니다.

4) 균형을 잡지 못해 넘어지는 경우가 있습니다. 안정적인 신 발을 신으세요.

5) 아기의 위쪽에서 떨어진다면 큰 일입니다.

6) 잘 못하여 아기에 흘리게 되면 큰 화상을…

7), 8) 생각하지 못한 질식의 위험이…. 신생아 돌연사 증후군의 위험도 높아 집니다.

9) 자면서 뒤척거리지 못해도 떨어지는 경우가 있습니다.

10) 잠깐만이라도 아기를 혼자 있게 하지 않도록 해야 합니다.

# 아기의 안전을 점검해 보세요

## 4~7개월 아기용

집 안과 아기의 상태를 생각하면서 지금의 상황에 해당되는 항목에 "○" 표를 해 주세요.
이 점검은 매달 한 번씩 해 보세요.

| | | | |
|---|---|---|---|
| 1) 소아용 시트는 첫 돌이 지나 체중이 10 Kg을 초과할 때 까지는 차의 뒤 쪽을 향해 45° 각도로 장착되어 있습니까? | 예 | 때때로 | 아니요 |
| 2) 아기를 자동차에 태울 때는 항상 소아용 시트에 앉히십니까? | 예 | 때때로 | 아니요 |
| 3) 담배, 화장품 등, 아기의 입에 들어갈 수 있는 것을 바닥에서 1 미터 이하의 장소에 두고 있습니까? | 예 | 때때로 | 아니요 |
| 4) 3세 된 아이가 입을 한껏 벌리면 구경이 39㎜가 되는 것을 알고 있습니까? | 예 | 때때로 | 아니요 |
| 5) 아기용 침대의 난간(사이드 레일)은 항상 올려져 있습니까? | 예 | 때때로 | 아니요 |
| 6) 아기용 침대의 난간과 메트리스 사이에 틈이 있습니까? | 예 | 때때로 | 아니요 |
| 7) 잠든 아기를 소파위에 두고 눈을 때는 경우가 있습니까? | 예 | 때때로 | 아니요 |
| 8) 아기를 무릎 위에 올려놓은 채로 뜨거운 마실 것을 마시는 경우가 있습니까? | 예 | 때때로 | 아니요 |
| 9) 형이나 누나에게 아기를 돌보도록 부탁하는 경우가 있습니까? | 예 | 때때로 | 아니요 |
| 10) 자동차나 집 안에 아기를 혼자 두는 경우가 있습니까? | 예 | 때때로 | 아니요 |

# 아기의 안전 - 중요한 조언

## 4~7개월 아기용

**아기의 발육과 발달이 놀랄 정도로 빠른 시기입니다. 어제는 할 수 없었던 것을 오늘은 할 수 있게 됩니다. 그 것이 아기입니다. 그렇기 때문에 사고가 일어나는 것입니다.**

점검표의 우측 란에 ○표가 된 것은 위험성이 높은 것이므로 곧바로 개선해 주세요.
이 중요한 조언은 집 안의 모든 식구들에게 보여 주세요.
아기에 대한 안전관리는 아빠의 중요한 역할입니다.

1), 2) 6세 미만의 아이를 자동차에 태울 때는 소아용 시트의 사용이 법률상 의무로 되어 있습니다. 올바르게 장착되어 있는지를 확인하세요.

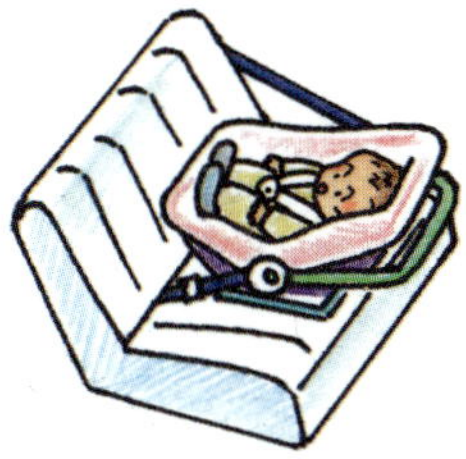

3) 집안에 있는 위험한 것은 아기의 손이 닿지 않는 높이 1 미터 이상의 장소에 두도록 하세요.

4) 직경 39㎜ 이하의 물건이라면 무엇이든 입안에 넣기 때문에 먹으면 안되는 것을 먹거나 질식의 위험도‥‥.

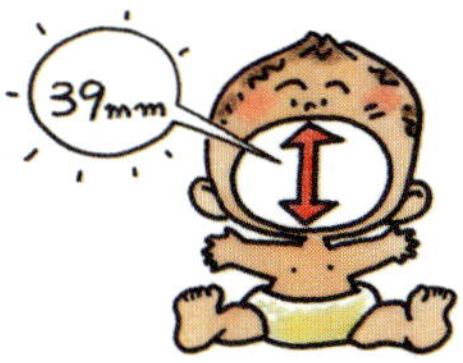


5) 침대에서 떨어지는 사고가 자주 발생하는 시기입니다. 곁을 떠날 때는 반드시 난간을 올려주는 습관을‥.

6) 틈에 끼이면 질식될 위험이‥.

7) 어제까지 할 수 없었던 자는 중에 몸을 뒤척이는 동작을 오늘은 할 수 있게 되어 떨어 지는 경우도‥.

8) 잘못하여 아기에게 흘리게 되면 큰 화상을‥‥.

9) 생각하지 못한 사태나 믿기 어려운 사고가 걱정입니다.

10) 잠깐만이라도 아기를 혼자만 있게 하지 않도록 해야 합니다.

# 아기의 안전 - 중요한 조언

## 8~11개월 아기용

집 안과 아기의 상태를 생각하면서 지금의 상황에 해당되는 항목에 "○" 표를 해 주세요.
이 점검은 매달 한 번씩 해 보세요.

| 항목 | | | |
|---|---|---|---|
| 1) 소아용 시트는 첫 돌이 지나 체중이 10 Kg을 초과할 때까지는 차의 뒤 쪽을 향해 45° 각도로 장착되어 있습니까? | 예 | 때때로 | 아니요 |
| 2) 아기를 자동차에 태울 때는 항상 소아용 시트에 앉히십니까? | 예 | 때때로 | 아니요 |
| 3) 담배, 화장품 등, 아기의 입에 들어갈 수 있는 것을 바닥에서 1미터 이하의 장소에 두고 있습니까? | 예 | 때때로 | 아니요 |
| 4) 3세 된 아이가 입을 한껏 벌리면 구경이 39㎜가 되는 것을 알고 있습니까? | 예 | 때때로 | 아니요 |
| 5) 뜨거운 차나 커피, 컵 라면 등을 테이블의 가장자리에 두는 경우가 있습니까? | 예 | 때때로 | 아니요 |
| 6) 전기밥솥, 포트, 가습기를 바닥에 놓아두고 있습니까? | 예 | 때때로 | 아니요 |
| 7) 계단에는 추락 예방 난간이 있습니까? | 예 | 때때로 | 아니요 |
| 8) 보행기를 사용하고 있습니까? | 예 | 때때로 | 아니요 |
| 9) 유모차에서 떨어지는 사고가 있는 것을 알고 있습니까? | 예 | 때때로 | 아니요 |
| 10) 욕조에 뜨거운 물을 남겨 두고 있습니까? | 예 | 때때로 | 아니요 |
| 11) 세탁장 바닥에서 욕조 가장자리까지의 높이가 50㎝ 미만입니까? | 예 | 때때로 | 아니요 |
| 12) 자동차나 집안에 아기를 홀로 있게 하는 경우가 있습니까? | 예 | 때때로 | 아니요 |

# 아기의 안전 - 중요한 조언

## 8~11개월 아기용

**아기의 행동이 활발해져 갑니다. 잠간만 눈을 뗄 때도 사고가 발생합니다. 눈을 떼지 않아야 하는 시기이며, 사고를 예방하려면 눈을 떼어도 좋은 환경을 갖추는 것 밖에는 다른 방법이 없습니다.**

점검표의 우측 란에 ○표가 된 것은 위험성이 높은 것이므로 곧바로 개선해 주세요.
이 중요한 조언은 집 안의 모든 식구들에게 보여 주세요.
아기에 대한 안전관리는 아빠의 중요한 역할입니다.

1), 2) 6세 미만의 아이를 자동차에 태울 때는 소아용 시트의 사용이 법률상 의무로 되어 있습니다. 올바르게 장착되어 있는지를 확인하세요.

3) 집안에 있는 위험한 것은 아기의 손이 닿지 않는 높이 1 미터 이상의 장소에 두도록 하세요.

4) 직경 39㎜ 이하의 물건이라면 무엇이든 입안에 넣기 때문에 먹으면 안 되는 것을 먹거나 질식의 위험도

5) 뒤엎어 버린다든지 엎질러 버리거나 뒤집어쓰면 큰 화상을‥.

6) 전기밥솥 등의 증기도 화상의 원인이 됩니다. 아기의 손이 닿지 않는 곳에‥.

7) 높은 곳에서 떨어지는 것은 특히 위험. 계단에는 난간이 있어야 안심이 됩니다.

8) 보행기도 계단이나 현관에서 떨어지는 경우가 있습니다. 계단이나 높낮이가 다른 곳에서는 떨어지는 것을 방지할 대책을‥.

9) 일어서기를 하여 유모차에서 떨어지는 경우도. 벨트를 잊지 마시길.

10) 얕은 곳에서도 물에 빠집니다. 욕조 안에 물이나 뜨거운 물이 없도록 해 주세요.

11) 욕조의 가장자리 높이가 50㎝ 미만이면 물에 빠질 위험이 많습니다. 목욕탕에 아기 혼자 있지 않게하고 뜨거운 물이 남아 있지 않도록 하는 것이 중요.

12) 잠깐만이라도 아기를 홀로 있게 하지 않도록 할 것.

# 아기의 안전 - 중요한 조언

## 1세~1세 5개월 아이용

집 안과 아기의 상태를 생각하면서 지금의 상황에 해당되는 항목에 "○" 표를 해 주세요.
이 점검은 매달 한 번씩 해 보세요.

| | | | |
|---|---|---|---|
| 1) 고정된 소아용 시트의 등받이 부위를 앞 쪽으로 강하게 잡아당길 때, 자동차 시트와의 사이가 10cm이내입니까? | 예 | 때때로 | 아니요 |
| 2) 아이를 자동차에 태울 때는 항상 소아용 시트에 앉히십니까? | 예 | 때때로 | 아니요 |
| 3) 땅콩같은 말린 콩 종류, 곤약이 들어간 젤리 등을 먹이는 경우가 있습니까? | 예 | 때때로 | 아니요 |
| 4) 칫솔이나 젓가락, 포크 등을 입에 문 채로 뛰어 다니는 경우가 있습니까? | 예 | 때때로 | 아니요 |
| 5) 계단이나 높낮이가 다른 곳에는 아이가 떨어지지 않도록 하는 대책이 마련되어 있습니까? | 예 | 때때로 | 아니요 |
| 6) 난로, 다리미, 포트, 냄비같은 화상의 원인이 되는 것에 아이가 손을 대지 않도록 하고 있습니까? | 예 | 때때로 | 아니요 |
| 7) 문의 경첩 부분에 손가락이 들어가지 않도록 여러가지 방법들을 동원하고 있습니까? | 예 | 때때로 | 아니요 |
| 8) 욕조에 뜨거운 물을 남겨 둡니까? | 예 | 때때로 | 아니요 |
| 9) 베란다나 창가에 발판이 되는 것을 두고 있습니까? | 예 | 때때로 | 아니요 |
| 10) 자동차나 집 안에 아이를 홀로 있게 하는 경우가 있습니까? | 예 | 때때로 | 아니요 |

# 아기의 안전 - 중요한 조언

## 1세~1세 5개월 아이용

**지금까지는 집 안의 사고가 중심이었지만 이제부터는 집 밖에서의 사고도 많아집니다. 지금이 가장 사고를 일으키기 쉬운 시기라는 것을 알아두세요.**

점검표의 우측 란에 ○표가 된 것은 위험성이 높은 것이므로 곧바로 개선해 주세요.
이 중요한 조언은 집 안의 모든 식구들에게 보여 주세요.
아기에 대한 안전관리는 아빠의 중요한 역할입니다.

1), 2) 6세 미만의 아이를 자동차에 태울 때는 소아용 시트의 사용이 법률상 의무로 되어있습니다. 올바르게 장착되어 있는지를 확인하세요.

3) 목에 걸리기 쉬운 음식물은 질식의 위험이 있습니다.

4) 목을 찌른다든지 입 안이 찢어질 염려가….

5) 높은 곳에서 굴러 떨어지는 사고는 특히 위험. 계단이나 높낮이가 다른 곳에는 굴러 떨어지는 것을 방지하는 대책을….

6) 난로에 안전망을 설치한다. 열을 내는것은 아이의 손이 닿지 않는 곳에 두는 등의 화상 방지 대책을….

7) 손가락이 끼어 들어가 상처가 생기는 것도, 덮개나 스토퍼를 붙여서 위험한 틈을 막아준다.

8) 얕은 곳에서도 물에 빠질 수 있습니다. 적은 량이라도 욕조 안에 뜨거운 물이 남아 있지 않도록 해 주세요.

9) 높은 곳에서 굴러 떨어지는 것은 특히 위험. 발판이 될 수 있는 것을 베란다나 창가에 두지 않도록….

10) 잠깐만이라도 아기를 홀로 있게 하지 않도록 할 것.

# 아기의 안전 - 중요한 조언

## 1세 6개월~3세 아이용

평상시 아이의 생활과 상태를 생각하면서 해당되는 항목에 "○" 표를 해 주세요.
이 점검은 매달 한 번씩 해 보세요.

| | | | |
|---|---|---|---|
| 1) 고정된 소아용 시트의 등받이 부위를 앞 쪽으로 강하게 잡아당길 때, 자동차 시트와의 사이가 10cm 이내입니까? | 예 | 때때로 | 아니요 |
| 2) 아이를 자동차에 태울 때는 항상 소아용 시트에 앉히십니까? | 예 | 때때로 | 아니요 |
| 3) 땅콩 같은 말린 콩 종류, 곤약이 들어간 젤리 등을 먹이는 경우가 있습니까? | 예 | 때때로 | 아니요 |
| 4) 난로나 히터에는 안전망을 설치해 두었습니까? | 예 | 때때로 | 아니요 |
| 5) 욕조에 뜨거운 물을 남겨 둡니까? | 예 | 때때로 | 아니요 |
| 6) 집에 소화기나 주택용 화재경보기를 비치하고 있습니까? | 예 | 때때로 | 아니요 |
| 7) 베란다나 창가에 발판이 될 수 있는 것이 있습니까? | 예 | 때때로 | 아니요 |
| 8) 세발자전거나 자전거를 탈 때는 헬멧을 착용하도록 합니까? | 예 | 때때로 | 아니요 |
| 9) 물놀이를 할 때는 구명조끼를 입힙니까? | 예 | 때때로 | 아니요 |
| 10) 자동차나 집 안에 아이를 홀로 있게 하는 경우가 있습니까? | 예 | 때때로 | 아니요 |

# 아기의 안전 - 중요한 조언

## 1세 6개월~3세 아이용

**마음의 준비만으로 사고를 예방할 수 없습니다. 「아이에게서 눈을 때어도 안전한 환경」의 정비를 오늘 바로 실행해 주는 것 밖에는 예방 방법이 없습니다.**

점검표의 우측 란에 ○표가 된 것은 위험성이 높은 것이므로 곧바로 개선해 주세요.
이 중요한 조언은 집 안의 모든 식구들에게 보여 주세요.
아기에 대한 안전관리는 아빠의 중요한 역할입니다.

1), 2) 6세 미만의 아이를 자동차에 태울 때는 소아용 시트의 사용이 법률상 의무로 되어 있습니다. 올바르게 장착되어 있는지를 확인하세요.

3) 목에 걸리기 쉬운 음식물은 질식의 위험이 있습니다.

4) 놓아둔 장소를 바꾸지 않도록…. 안전망을 설치해 화상 방지 대책을….

5) 깊이가 얕은 곳에서도 아이는 물에 빠질 수가 있습니다. 적은 량이라도 뜨거운 물이 남아 있지 않도록….

6) 만일을 대비해서 설치 장소와 사용 방법의 확인을 잊지 않도록….

7) 높은 곳에서 떨어지는 것은 특히 위험. 발판이 될 수 있는 것을 베란다나 창가에 두지 않도록….

8), 9) 놀 때는 만일의 사고에 대비를 하고 난 뒤에….

10) 잠깐만이라도 아기를 홀로 있게 하지 않도록 할 것.

# 아이들을 위해서 금연을 하세요

**담배가 건강에 좋지 않다는 것은 상식이지요. 그러면, 어른이 피운 담배의 연기는 옆에 있는 아이와 가족에게 어떤 영향을 줄까요?**

## 아이에게 미치는 영향

담배를 피우는 사람의 가정에서는 아이가 병에 걸리기 쉽고, 병이 오래 간다든지 심해지는 경향이 있습니다.

- 기침이 오래 계속되고 좀처럼 치유되지 않는다. 천식 발작을 일으킨다.
- 감기에 걸렸을 때, 폐렴, 기관지염, 중이염이 초래되기 쉽다.

아이가 성인이 된 후, 폐암이 발생할 위험이 많아진다고 합니다.

## 태아에게 미치는 영향

엄마가 임신 중에 담배를 피운다든지 가족 중에 담배를 피우는 사람이 있으면 유산이나 조산이 초래되기 쉽고, 미숙아가 태어날 가능성이 있습니다. 태어난 아기가 돌연사할 위험도 증가합니다. 건강한 아기를 출산하기 위해서는 임신부를 담배의 연기로부터 지키는 것이 중요합니다.

## 가족을 위해서 금연을

담배를 피우는 본인과 같은 정도로 가족들의 건강이 위험해집니다. 집에서는 피우지 않겠다는 약속, 그리고 금연하는 것이 가족의 건강을 지키기 위한 애정입니다.

부모가 담배를 피우는 가정에서는 아이도 장래에 흡연자가 될 가능성이 높아집니다.

아이들의 미래를 위해서도 금연 하세요.

# 모식도

심장의 모식도

요로계의 모식도

인후두부의 모식도

기관지와 폐의 모식도

# 심장의 모식도

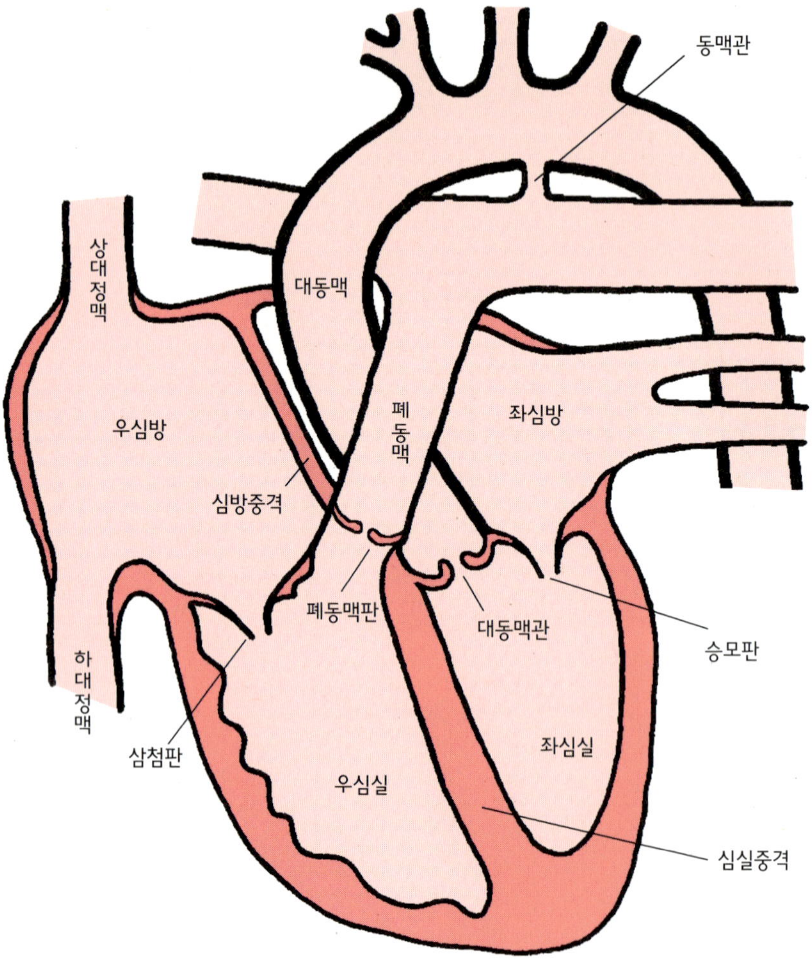

동맥관
상대정맥
대동맥
우심방
폐동맥
좌심방
심방중격
폐동맥판
대동맥관
승모판
하대정맥
삼첨판
우심실
좌심실
심실중격

# 요로계의 모식도

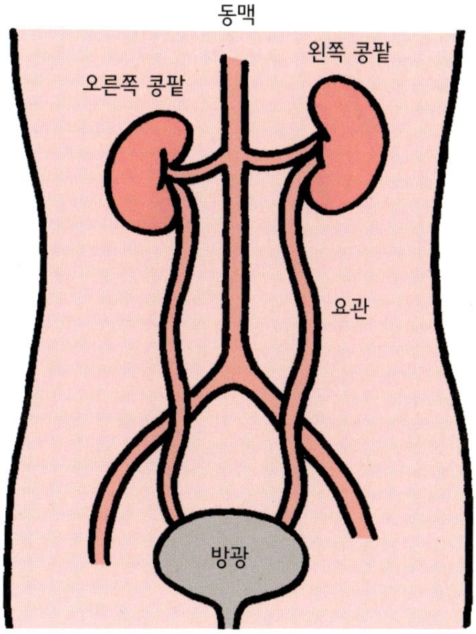


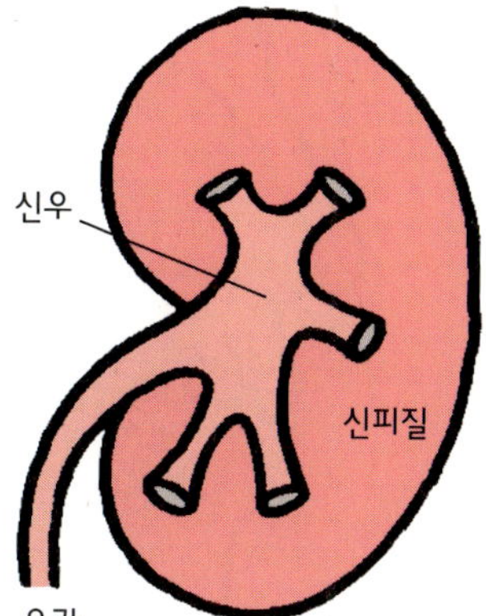


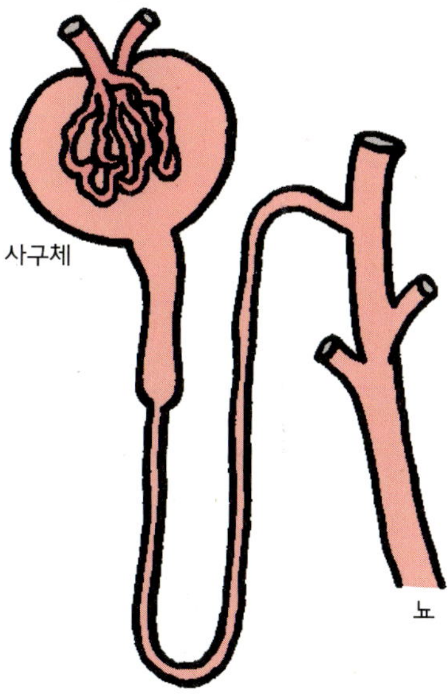

# 인후두부의 모식도

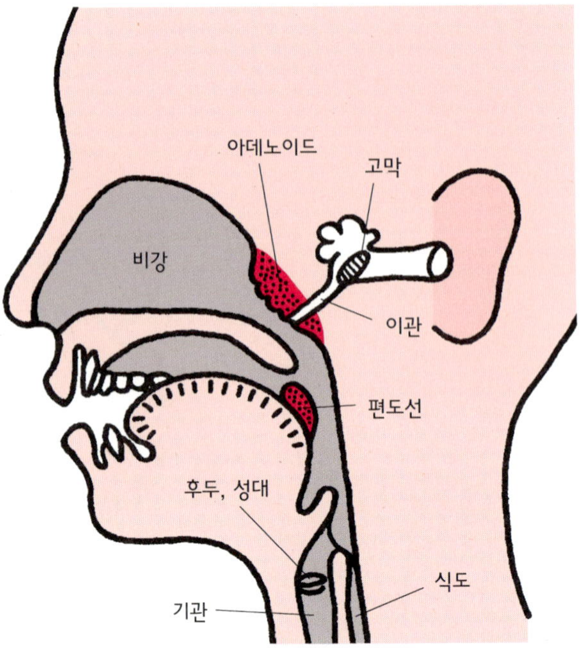


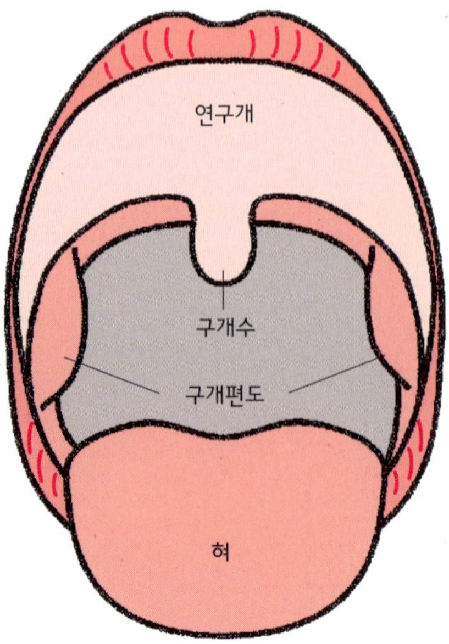

# 기관지와 폐의 모식도

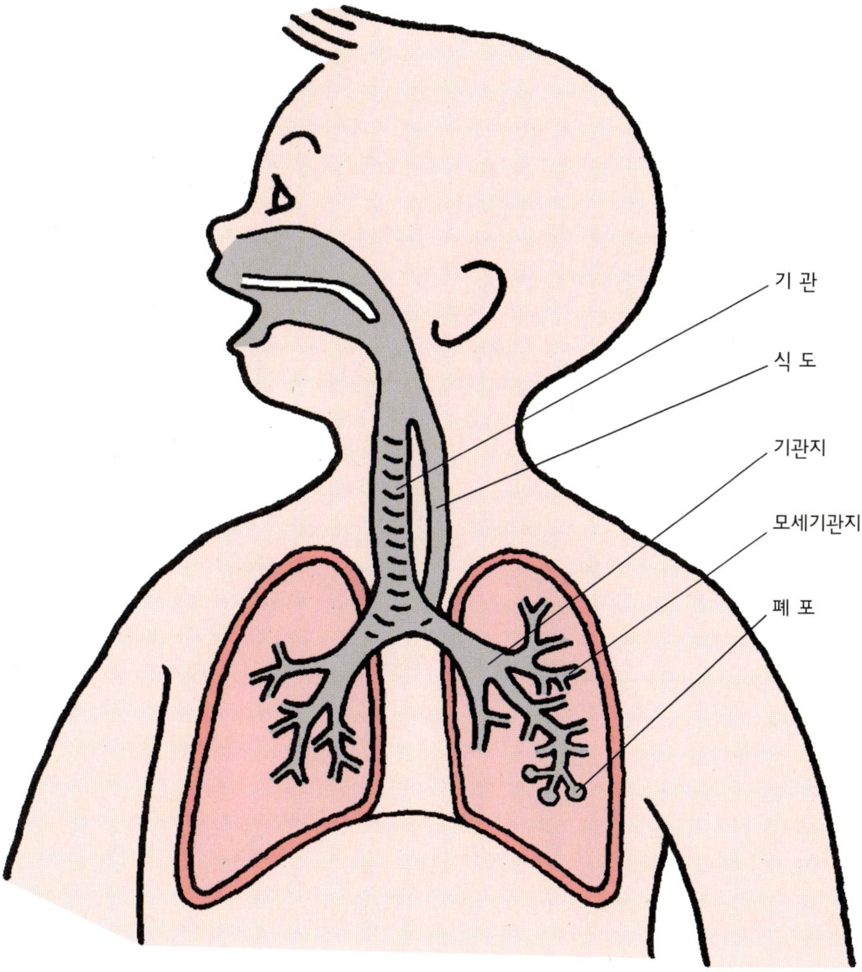

# INDEX

**영유아 검진**



**안전점검과 중요한 조언**



**모식도**